Anton Mosimann

Meisterkurs für Hobbyköche

Cuisine à la carte

Mit einem Vorwort von Wolfram Siebeck

SV INTERNATIONAL
SCHWEIZER VERLAGSHAUS ZÜRICH

Die Originalausgabe erschien 1981 in englischer Sprache unter dem Titel
«Cuisine à la Carte» bei Northwood Books, London

Aus dem Englischen von Ursula von Wiese

Die deutsche Ausgabe wurde von Anton Mosimann ergänzt und überarbeitet

© 1981 Anton Mosimann
© 1982 der deutschsprachigen Ausgabe by
SV international, Schweizer Verlagshaus AG, Zürich
Printed by Druckerei Carl Meyers Söhne AG, CH-8645 Jona
3-7263-6345-9

Inhalt

- 7 Vorwort von Wolfram Siebeck
- 13 Beruflicher Werdegang von Anton Mosimann
- 15 Einleitung von Anton Mosimann
- 21 Zubereitungsarten
- 33 Brühen, Farcen, Teige
- 58 Saucen
- 75 Vorspeisen
- 105 Suppen
- 117 Eierspeisen
- 123 Fischgerichte
- 157 Schalen- und Muscheltiere
- 168 Fleischgerichte
- 170   Rindfleisch
- 178   Lammfleisch
- 182   Kalbfleisch
- 200   Schweinefleisch
- 205 Geflügelgerichte
- 224 Wildgerichte
- 228 Gemüse-, Kartoffel- und Pilzgerichte
- 256 Süßspeisen
- 292 Index

Vorwort

Wer jemals das Glück hatte, im Dorchester Hotel in London die exzellente Küche Anton Mosimanns zu probieren, den wird es nicht überraschen, wenn ich bekenne, daß ich diesem großen Schweizer Küchenchef einige meiner schönsten kulinarischen Erinnerungen verdanke. Eines seiner Menüs war zudem das extravaganteste und das aufregendste meines Lebens: In dem kleinen, fensterlosen Raum neben seinem Office in der Dorchester Küche hatte Mosimann uns ein typisches Chef-Menü serviert: leicht, eher bescheiden als aufwendig, und sozusagen en passant gekocht — aber von absoluter Perfektion. Anschließend zeigte er mir einige der schönen Räume des Hotels, zuletzt den kleinen Salon auf dem Dach des Dorchester. Ich glaubte zu träumen: Ein so herrliches Speisezimmer hatte ich noch nie gesehen! Ein einziger Tisch für maximal 16 Personen stand dort in einem Ambiente der Prächtigkeit, das an die Dekorationslust eines Ludwig II. denken ließ. Verglichen damit erschien mir das Pariser Maxim's wie ein besseres Bistro. Dieser Raum, vor dessen Glastür auf dem Dachgarten Blumen wachsen und ein Springbrunnen plätschert, würde wahrscheinlich im Zuge der Umbauten abgerissen werden, erfuhr ich. Da stand für mich fest: vorher wollte ich hier einmal gegessen haben, koste es was es wolle! Zwei Monate brauchte ich, um ein Dutzend Freunde zusammenzutrommeln, denen die beschriebene Attraktion eine Blitzreise nach London wert war. Ich bestellte bei Anton Mosimann ein großes Menü, besprach die Auswahl der Weine, und wir einigten uns auf einen Samstag im August, pünktlich 12.30 Uhr mittags.
Am Morgen dieses Tages, gegen 7.30 Uhr auf dem Weg zum Flugplatz, begann auf der Autobahn der Motor meines Autos zu stottern, er setzte aus, sprang mühsam wieder an. Weitere Aussetzer und die Erkenntnis, daß ich den Flugplatz mit diesem Wagen nie erreichen würde, lösten bei mir die erste Panik aus. Mit viel Glück erreichte ich das Autobahnende und die ersten bewohnten, am Samstagmorgen menschenleeren Straßen. Der Motor blieb endgültig stehen. Ich schob das Auto an den Straßenrand. Nach einigen Minuten, die für mich wie Stunden waren, bog ein anderer Frühaufsteher um die Ecke, hielt an und fuhr mich zum nächsten Taxistand. Ich erreichte den Flugplatz gerade noch rechtzeitig.

Vorwort

Dort stellte ich fest, daß ich in der Aufregung, wahrscheinlich beim Schieben des Wagens, meinen in der Außentasche meiner Jacke steckenden Paß verloren hatte. Panik Nummer zwei überfiel mich. Die Polizei am Münchner Flugplatz lehnte unfreundlicherweise jegliche Unterstützung ab und verwies mich nach Frankfurt, wo die Maschine zwischenlanden würde. Dort gelang es mir tatsächlich in den wenigen Minuten, die mir zur Verfügung standen, so etwas wie eine polizeiliche Verlustbestätigung zu bekommen. Ob mich die Engländer damit jedoch in ihr Land ließen, schien den Frankfurter Beamten zweifelhaft. Die Vorstellung, den Tag in Heathrow verbringen zu müssen und mich bestenfalls telefonisch mit meinen Freunden auf dem Dach des Dorchester in Verbindung setzen zu können, bewirkte bei mir Panik Nummer drei.
Nun, der englische Zoll machte keine Schwierigkeiten; ich kam pünktlich zum Aperitiv. Das Essen dauerte bis 18.00 Uhr und wir räumten nur widerstrebend das Feld — wie sich der zweite Direktor, Paul Grunder, noch heute vergnügt erinnert —, weil der Salon für den Abend von einer anderen Gesellschaft gemietet worden war. Das Essen war ein Feuerwerk an Köstlichkeit, ein Fest für alle Sinne.
Ich möchte nun doch nicht versäumen, die einzelnen Speisenfolgen dieses einmaligen und denkwürdigen «Mittagessens» aufzuzählen, obwohl eine solche Aufzählung der Speisenfolge niemals Auskunft geben kann über die Delikatesse des Menüs:

Terrine Covent Garden
★
Essence de Boeuf en Surprise au Sherry
★
Rendez-Vous de Fruits de Mer à la Crème de Basilic
★
Suprême de Caille Poêlé aux Feuilles d'Or
★
Petit Artichaut Braisé au Vin Blanc
★
Carré d'Agneau Rôti à l'Anglaise
Gratin de Courgettes et Tomates Persillées
★
Mature Vert sur Paille (Stilton)
★
Entremets sur la Voiture
★
Café, Meilleurs Mignardises du Chef Pâtissier

Dazu tranken wir Weine, die vom leichten englischen Müller-Thurgau (Riesling × Sylvaner) bis zum uralten Portwein reichten (zum Stilton) und, natürlich, Champagner. Es war, mit einem Wort, der prächtigen Umgebung angemessen. Nun mag die Prächtigkeit des Raumes (das Penthaus ist übrigens nicht abgerissen worden!) noch so groß sein, ich hätte dieses Mittagessen gewiß nicht organisiert, wäre ich nicht sicher gewesen, daß Anton Mosimann zu den besten Köchen gehört, denen ein Gast in die Hände fallen kann. Chefs seines Kalibers findet man normalerweise nicht in großen Hotelküchen. Mosimann aber ist für diese schwierige Aufgabe mit einer Gabe ausgestattet, die selten gemeinsam auftritt mit der sensiblen Zunge und der schöpferischen Phantasie, ohne die ein Küchenchef kein großer Koch ist. Er dirigiert seine über 80 Mann starke Brigade wie Georg Solti die Londoner Philharmoniker! Kleine Anmerkungen genügen ihm, freundliche Ratschläge, scheinbar nebenher gegeben, um den gewaltigen Apparat auf eine Art und Weise funktionieren zu lassen, die alles andere als alltäglich ist. Ich habe erlebt, wie das neue, elegante Terrace-Restaurant bis auf den letzten Platz besetzt war, desgleichen der Grill des Dorchester, wie in verschiedenen Salons kleinere Bankette serviert wurden, während gleichzeitig ein spektakulärer Maskenball mit H. R. H. Princess Margaret ablief, wofür weitere 350 Menüs gekocht und serviert wurden — und alles war perfekt, alles frisch und so delikat, daß es den Ansprüchen nicht nur höchster Kreise, sondern sogar denen der verwöhntesten Zungen genügte. Nerven scheint Anton Mosimann nicht zu haben. Jedenfalls habe ich ihn nie nervös erlebt und kann mir auch nicht vorstellen, daß ihn seine disziplinierte Ruhe verließe. Er kümmert sich um alles, ohne sich zu verzetteln, kein Problem überrascht ihn unvorbereitet, Entscheidungen trifft er präzise und ohne Zögern. Wenn er morgens als einer der ersten in der Küche erscheint, hat man den Eindruck, er käme aus den Ferien zurück und freue sich, endlich wieder einmal kochen zu dürfen. Das Geheimnis dieser für eine Küche mit einer 80-Mann-Brigade so wesentlichen Fähigkeiten liegt wohl in seinem Ehrgeiz, der, glücklicherweise, ein Ehrgeiz der freundlichen Art ist.
Der Erste hat er schon immer sein wollen. Ob er als Achtjähriger im elterlichen Gasthaus in der Schweiz kochte, oder ob er mit 23 Jahren auf der «Expo 70» in Osaka den Schweizer Pavillon als Chefkoch leitete: Er erreichte seine Ziele immer früher als andere. Um so wohltuender ist seine fast bescheidene Höflichkeit im Umgang mit seinen Mitarbeitern, um so anerkennenswerter die Mühe, die er sich immer wieder bei der Verbesserung von Kleinigkeiten macht, welche andere oft nicht einmal wahrnehmen.

Vorwort

Solche Zurückhaltung kommt nicht zuletzt dem Benutzer dieses Buches zugute; denn auch als Autor ist Anton Mosimann jemand, der seine Anweisungen mit Geduld gibt. Der renommierte Küchenchef trumpft hier keineswegs mit extravaganten Kunststücken auf, sondern beginnt behutsam mit der Herstellung der verschiedenen Grundsaucen, erklärt den Unterschied zwischen Schmoren und Dünsten und führt auf diese Art erfreulich unprätentiös zu den Rezepten der Großen Küche, so daß beim Leser die Angst vor der Raffinesse gar nicht erst aufkommt. Anton Mosimanns diskrete Art der Belehrung läßt vergessen, daß hier ein detailbesessener Qualitätsfanatiker nicht weniger preisgibt als jene Rezepte, die das Dorchester Hotel in London zu einer der ersten Feinschmeckeradressen Englands gemacht haben.

Wolfram Siebeck

Beruflicher Werdegang von Anton Mosimann

Hotel Bären, Twann, 1962—64	Kochlehrling
Palace Hotel, Villars, 1964—65	Commis Entremetier
Cavalieri Hilton Hotel, Rom, 1965—66	Commis Saucier
Queen Elizabeth Hotel, Montreal, 1966—69	Chef Tournant, Chef Saucier, Sous Chef, 1er Sous Chef
Canadian Pavillon Expo 67, Montreal	Chef de froid/Sous Chef
Palace Hotel, Montreux, Sommer 69	Chef Tournant
Palace Hotel, St. Moritz, Winter 1969—70	1er Chef Tournant
Swiss Pavillon Expo 70, Osaka, 1970	Chef de Cuisine
Palace Hotel, Lausanne, 1970—71	Chef Entremetier
Palace Hotel, Luzern, Sommer 1971	Chef Garde-Manger
Kulm Hotel, St. Moritz, Winter 1971—72	Chef Restaurateur
Palace Hotel, Luzern, Sommer 1972	Chef Rotisseur
Kulm Hotel, St. Moritz, Winter 1972—73	Sous Chef
Palace Hotel, Luzern, Sommer 1973	Chef Saucier, Sous Chef
Kulm Hotel, St. Moritz, Winter 1973—74	Sous Chef
Palace Hotel, Luzern, Sommer 1974	Chef Saucier, Sous Chef
Palace Hotel, Gstaad, Winter 1974—75	Commis Patissier
Dorchester Hotel, London, Juni—Dezember 1975	1er Sous Chef
Dezember 1975 — Oktober 1976	Chef des Cuisines
ab November 1976	Maître Chef des Cuisines

3 Kurse als Ausbildner für Lehrlinge
Grand Hotel, Stockholm, Schweden
Villa Lorraine, Brüssel, Belgien
Michel Guérard, Eugénie-Les-Bains, Frankreich
Les Frères Troisgros Restaurant, Roanne, Frankreich
Paul Bocuse Restaurant, Collonges au Mont-d'Or, Frankreich

Hotelfachschule, Luzern
Handelsdiplom
Fachkurs für das Hotel- und Restaurationsgewerbe
Diplom Chef de Cuisine
Jurymitglied bei internationalen Wettbewerben
Goldmedaillen an internationalen Wettbewerben

Einleitung

Der Koch, der seinen Beruf liebt

Der gute Koch liebt seinen Beruf und genießt seine Arbeit. Alle guten Köche haben das eine gemeinsam: Sie wollen und können etwas wirklich Erstklassiges schaffen. Zu keiner Zeit hat der Koch Gelegenheit gehabt, so aus dem Vollen zu schöpfen wie heute, wo ihm die herrlichsten Produkte aus aller Welt zur Verfügung stehen.
Als Kunst, Wissenschaft und Handfertigkeit hat sich das Kochen parallel mit der Gesellschaft entwickelt und verbessert. Blütezeit, Aufschwung, Verfeinerung des Geschmacks — und genügend Muße, ihm zu frönen —, Tourismus, all das hat zu unserer Freude an Speis und Trank beigetragen. Überdies macht es das moderne Transportwesen möglich, die feinsten frischen Produkte zu finden, das Rohmaterial, das die Grundlage des Küchenrepertoires bildet, wo wir auch sein mögen.
Diese Ausbeute — zu jeder Zeit das Beste an Gemüse, Fleisch und Fisch — bestimmt die individuellen Speisen und das Menü als Ganzes eines Kochs. Es ist meine feste Überzeugung, daß der Koch sich Zeit lassen muß — wenn möglich täglich — das Angebot an frischen Nahrungsmitteln zu prüfen und dementsprechend einzukaufen.
Wenn ich durch die Marktstände wandere, stelle ich jedesmal fest, daß mich die vielen verlockenden Angebote schöpferisch und kompositorisch anregen.
Im Geist sehe ich die Muscheln schon in der Bratpfanne, zusammen mit aromatischem frischem Basilikum, und ich weiß, daß fünfzehn Sekunden in zischender Butter genügen, sie in eine Delikatesse zu verwandeln, und daß sie auf einem Bett pürierten jungen Lauchs dem verwöhntesten Gaumen munden werden.
Ich freue mich am Anblick der schönen, frischen, farbenfrohen Gemüse. Ihre verschiedenen Formen, Farben und Strukturen inspirierten mich, eine Terrine zu erfinden, der ich den Namen «Terrine Covent Garden» gegeben habe — zu Ehren des Marktes.
Wenn ich vor Sonnenaufgang auf dem Fischmarkt Billingsgate umhergehe und die frischen Fische — Steinbutt, Heilbutt, Seezunge — und die Meeresfrüchte sehe, kann ich es kaum erwarten,

wieder in der Küche zu sein und ein Gericht zuzubereiten, das ihrer Frische, ihres Aromas und ihrer Beschaffenheit würdig ist.
Das Einkaufen auf dem Markt hat auch einen sachlichen Vorteil: Man sieht, was man einkauft. Telefonische Bestellungen berauben den Koch dieses wesentlichen Faktors.
Nichtsdestoweniger ist es mit dem Einkauf des besten Rohmaterials noch nicht getan. Der Koch muß außerdem die folgenden Punkte bedenken:
— Die wirklich gute Küche erfordert unbedingte, fast heilige Ehrfurcht. Der Erfolg hängt von der Vollkommenheit der geringsten Einzelheit ab.
— Er prüft, kostet und prüft abermals, wie ein Komponist sein Thema auf der Tastatur heraussucht und es ausschmückt.
— Künstlerisches Arrangement und Präsentation der Speisen ist wesentlich. Aber Kompliziertheit ist der Feind guten Kochens; extravagante Entfaltung und übertriebene Garnituren sollten vermieden werden.
— Saucen müssen die vollkommen harmonische Begleitung der einzelnen Speisen sein. Der wahrhaft gute Koch ist an seinen Saucen zu erkennen.
Meines Erachtens ist es unbedingt notwendig, die traditionelle Küche immer wieder zu verfeinern, ein leichteres, natürlicheres Ergebnis zu erzielen. Ein wesentlicher Faktor dabei ist es, der Art und Dauer des Kochprozesses mehr Beachtung zu schenken als bisher.
Zum Beispiel sollten — abgesehen von püriertem Gemüse — die meisten Gemüsesorten (besonders grüne Bohnen, grüne Erbsen, Blumenkohl, Spargel) nach bewährter asiatischer Überlieferung zubereitet werden, das heißt, sie müssen «knackig» sein. Zerkochtes Gemüse verliert nicht nur Eigengeschmack, Form und Farbe, sondern auch den Vitamingehalt. Auch für Fisch gilt dieses Gesetz; ob gekocht, gedämpft, gebraten oder gegrillt, es sollte der genau richtige Punkt erreicht werden.

Was heißt kochen?

Im Grunde sind unter «kochen» all die verschiedenen Verfahren und Techniken zu verstehen, die man anwendet, um das Rohmaterial der Nahrung in gute, appetitliche Gerichte zu verwandeln.
Um erfolgreich zu kochen, genügt es nicht, begeistert, hingegeben und schöpferisch zu sein, sondern man muß auch die wissenschaftlichen, kulinarischen und praktischen Grundsätze und Methoden kennen. Ohne deswegen ein Pseudowissenschaftler zu

werden, muß der Koch doch wissen, warum Nahrungsmittel so und so agieren und reagieren, mit andern Worten, er muß die grundlegenden Elemente der kulinarischen Kunst beherrschen.
— Biologie: Studium des Wesens und der Eigenschaften unserer Nahrungsmittel. Es läßt sich leichter kochen, wenn man die grundlegenden Elemente beherrscht, zum Beispiel ganz einfach weiß, warum Milch überkocht. Oder warum Salz wichtig ist, nicht nur als Gewürz, sondern auch zur Erhaltung des Chlorophylls im Blattgemüse.
— Wirtschaftlichkeit: Studium des Ursprungs der Lebensmittel, des Transports und Handels.
— Physiologie: Verdauungsprozeß und Geschmackssinn; Bedeutung der Ernährung für Gesunde und Kranke.
— Psychologie: Bestimmung der psychologischen Wirkung guter und schlechter Ernährung auf den Einzelnen und die Menschen im allgemeinen.
— Administration und Menschenführung im Betrieb: Heutzutage untersteht dem Koch mitunter eine große Küche. Ohne Organisationsbegabung und ohne die Fähigkeit, aus Untergebenen das Beste herauszuholen, kann der Küchenchef seine Schöpferkraft nicht entfalten.
— Ästhetik: Pflege des Schönheitssinnes, Entwicklung des Gefühls für Form und Farbe in der Küche beeinflussen Auswahl, Zubereitung und Präsentation der Gerichte.
Der gute Koch ist sein Leben lang ein Lehrling. Er sollte viel und weit reisen, nicht nur im Heimatland, sondern auch Auslandreisen machen, sofern es ihm Freizeit und Urlaub gestatten. Ich hatte das große Glück, in acht verschiedenen Ländern zu arbeiten und Gelegenheit, allenthalben Ideen, Anregungen und Kenntnisse zu sammeln. Das Reisen dient im allgemeinen dazu, Land und Leute kennenzulernen, der Koch aber nimmt auch die Möglichkeit wahr, sich über Eßgewohnheiten und ihren Ursprung zu unterrichten.
Wo immer man die Kunst des Kochens beherrschen will, überall muß man sich mit Theorie und Praxis gründlich vertraut machen. Kenntnis der Nahrungsmittelproduktion, guter Geschmacks- und Geruchssinn und schöpferische Begabung sind die wichtigsten Erfordernisse. Der Koch muß aber auch zu dem eigentlichen «Gönner» seiner Kunst eine Beziehung haben — zu seinem Gast. Heute steht immer mehr Menschen der Sinn danach, neue Gerichte zu erproben; da ist es wesentlich, daß jeder, der mit dem Gast in Berührung kommt, ein guter Verkäufer ist, der an das Werk des Meisters glaubt.
Sehr oft bietet sich mir Gelegenheit, selbst mit den Gästen zu spre-

Einleitung

chen und sie zu überreden, ein neues Gericht zu versuchen, vorausgesetzt, ich bin überzeugt, daß meine Empfehlung ihrem Geschmack entspricht. Andererseits bin ich dagegen, überlieferte alte Nationalgerichte, die meistens aus der Bauernküche stammen, im Lande selbst zu verändern; in England wären es beispielsweise *steak and kidney pudding* und *Irish stew.* Der gute Koch weiß, wann er zu erfinden, zu verbessern und wann er alles beim alten zu lassen hat!

Es ist wahr, daß Rohmaterial, das die Natur selbst liefert, das vollkommenste Nahrungsmittel ist. Meistens erfordert es allerdings einen Zubereitungsprozeß, der nach Art und Bedingungen verschieden ist und von den gesellschaftlichen Bräuchen der einzelnen Länder abhängt. Den ursprünglichen Geschmack eines Nationalgerichts zu bewahren, das gehört zu den wichtigsten Grundsätzen der modernen Küche.

Der gute Koch sollte sich stets an die Maxime des berühmten Kochkünstlers Auguste Escoffier erinnern: «Die gute Küche zeichnet sich dadurch aus, daß die Dinge ihren Eigengeschmack haben.»

Wir wollen nun einen Blick hinter die Kulissen einer großen Küche werfen und sehen, wie hier der Alltag verläuft.

Sechs Uhr. Für die einen ist diese Morgenstunde der Anfang der stets anspruchsvollen (aber oft lohnenden) Arbeit, für die andern bedeutet sie das Ende der Schicht. Die Küche, der Kern des Hotels, erfordert den Dienst rund um die Uhr, was, wie man sich vorstellen kann, sorgsam durchdachte Organisation bedingt. Als Oberkoch und Chef des Küchenpersonals im Londoner Dorchester Hotel bin ich bestrebt, den Standard der Küche hochzuhalten und zu verbessern, wie es unsere Gäste erwarten. Das ist keine leichte Aufgabe, und sie wäre unmöglich zu bewältigen, wenn ich nicht von meiner achtzigköpfigen Küchenbrigade hundertprozentige Unterstützung hätte und die Zusammenarbeit nicht reibungslos verliefe.

Ich bin überzeugt, daß Mitarbeiter und Untergebene motiviert sein müssen. Deshalb ist es mir wichtig, täglich mit jedem Mitglied unserer Brigade ein paar Worte zu wechseln, jeden mit seinem Namen anzureden und, wenn der Anlaß gegeben ist, eine kulinarische Leistung zu loben. Nie verlange ich von einem andern etwas, das ich nicht selbst tun könnte (oder wollte). Es ist wichtig, daß im Küchendienst die richtige Person am richtigen Platz eingesetzt wird, denn Kochen erfordert bestimmte Eigenschaften: Konzentrationsfähigkeit, ernsthaften Arbeitswillen, Takt und Verständnis.

Bei unserer täglichen Zusammenkunft um 9 Uhr 30 besprechen wir das Tagwerk, die Vorfälle des vergangenen Tages und Neuigkeiten auf unserem Gebiet. Die Einkäufe auf dem Fleisch-, Fisch- und Obstmarkt werden gemacht, und wir erhalten Besuch von Gastronomen wie Paul Bocuse, Michel Guérard, Roger Vergé und den Brüdern Troisgros, um nur ein paar zu nennen. Viele anregende Diskussionen schließen sich an diese Besuche an, und meine Brigade erfährt wieder einmal, wie faszinierend unser Beruf ist, in dem jeder Tag eine Entdeckung bringen kann.

Zur weiteren Anregung meiner Untergebenen halte ich wöchentliche «Schulstunden» ab, an denen jeder teilnehmen kann. Sie sind vor allem für diejenigen bestimmt, die vorhaben, im Ausland Erfahrungen zu sammeln. Bisher haben wir «Arbeitsferien» in Frankreich, Belgien, Deutschland und in der Schweiz organisiert. Auch Wettbewerbe und Ausstellungen bringen Leben in unsere Küche und regen das Interesse an, zumal wir in den letzten fünf Jahren bei internationalen Wettbewerben über dreißig Goldmedaillen gewonnen haben und im selben Zeitraum viermal als beste englische *commis rôtisseurs* preisgekrönt worden sind.

Wir führen Listen über die Vorlieben und Launen unserer prominenten Gäste, und ich sorge immer dafür, daß diese Listen dem diensthabenden Personal im entscheidenden Augenblick zur Verfügung stehen. Wir setzen unseren Stolz in den Standard unserer Küche und tun immer unser Bestes, allen Ansprüchen zu genügen.

Ein solches Leistungssoll kann nur erfüllt werden, wenn die Administration erstklassig ist. Anfragen nach Rezepten, Unterredungen, Abrechnungen und Zeitungsartikel, das ist nur ein kleiner Teil der Papierarbeit, die täglich erledigt werden muß. Da ich so viel wie möglich in der Küche arbeite, habe ich eine Sekretärin, Hilary Nightingale, die sich der Büroarbeit annimmt. Eine weitere Facette unserer täglichen Administration ist unser «Minicomputer», eine Wandkarte, auf der farbige Stifte angeben, wer vom Personal zu Verfügung steht; grüne Stifte bedeuten zum Beispiel Krankenurlaub, gelbe Studienurlaub und so weiter. So kann ich mich voll und ganz dem Kochen und der Arbeit mit dem Küchenpersonal widmen, in dem Bewußtsein, daß in administrativer Hinsicht alles in Ordnung ist.

Vor allem darf man nie vergessen, daß unser Hauptziel ein begeisterter Gast ist, nicht bloß ein zufriedener, und das läßt sich nur mit tadelloser Organisation erreichen.

Anton Mosimann

Grundzubereitungsarten

Das Wort «*Kochen*» wird in der Küche sehr oft mißbraucht. Es gibt nur wenige Rohmaterialien, die gekocht werden.
Ich sage immer: «Wer die Grundzubereitungsarten beherrscht, dem gehört die kulinarische Welt, denn sie sind das Einmaleins der Kochkunst!» Es spielt dann gar keine Rolle, ob er in London, New York, Tokio oder Bern etwas zubereitet, denn die Basis bleibt immer die gleiche.
Nur das Begreifen, Beherrschen und richtige Ausführen der Grundzubereitungsarten erlauben die einwandfreie Durchführung der Kochmethoden. Wer diese beherrscht, ist in der Lage, auch komplizierte Gerichte davon abzuleiten.

Blanchieren (in Wasser)
Blanchir

Kartoffeln
In heißem Wasser aufsetzen, auf den Siedepunkt bringen und auf einem Blech abkühlen lassen.

Gemüse
In heißem Wasser aufsetzen, auf den Siedepunkt bringen und abkühlen.
Grünes Gemüse, wenn es nicht sofort verwendet wird, mit kaltem Wasser abschrecken und abschütten, damit es die Vitamine und

Grundzubereitungsarten

die für das Blattgrün (Chlorophyll) wichtigen Mineralsalze beibehält.

Knochen
In kaltem Wasser aufsetzen, auf den Siedepunkt bringen und abkühlen.

Anmerkung
Beim Kaltansetzen öffnen sich die Poren = Geschmacksverlust.
Beim Heißansetzen schließen sich die Poren = Geschmack bleibt erhalten.

Blanchieren in Öl
In mittelheißem Öl vorbacken, zum Beispiel Fische, Fleisch, Gemüse, Kartoffeln usw. bei ca. 130 °C.

Grundzubereitungsarten

Pochieren
Pocher

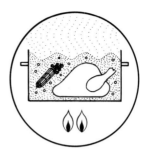

Das Pochieren ist der schonendste Garprozeß. Die Speisen werden vorsichtig bei 65 bis 80 °C in Flüssigkeit oder im Wasserbad gegart. Dabei unterscheiden wir:

Fische
die mit wenig Flüssigkeit auf dem Siedepunkt gegart werden;

Fische
die in Court-Bouillon pochiert werden;

Geflügel
das nach dem Blanchieren in weißem Geflügelfond gegart wird.

In Flüssigkeit
z. B. Fonds, Bouillons, Court-Bouillons: Fische, Geflügel, Innereien, Eier usw.

Im Wasserbad
In Formen: Füllungen, Farcen, Eierstich, Gemüse, verschiedene Süßspeisen.

Grundzubereitungsarten

Sieden
Bouillir

Unter «Sieden» versteht man eine Zubereitungsart zwischen Pochieren und Kochen. Auf dem Siedepunkt mit 95 °C bis 98 °C ziehen lassen.

Fleischgerichte
Siedfleisch (Lamm, Kalb), Zunge usw. Mit Wasser oder Fond heiß aufsetzen, eventuell zuerst blanchieren. Auf den Siedepunkt bringen und ziehen lassen. Nicht zudecken.
Klare Brühen, Gelée: Mit Wasser oder Fond kalt aufsetzen.

Anmerkung
Zur Erhaltung einer klaren Brühe und zur Verhinderung der Eiweißausscheidung sollte das Gargut nie zugedeckt werden.

Grundzubereitungsarten

Kochen
Cuire

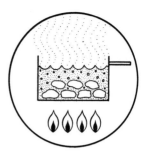

Wird hauptsächlich für Teigwaren, Reis und Trockengemüse angewendet.

Kartoffeln und Trockengemüse
Kalt aufsetzen und zudecken.

Teigwaren
Heiß aufsetzen, nicht zudecken.

Anmerkung
Teigwaren müssen in kochendem Salzwasser mit etwas Öl im Verhältnis 1 zu 10 «al dente» gekocht werden.

Grundzubereitungsarten

Dünsten
Cuire à la vapeur

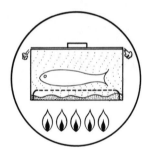

Diese Zubereitungsart wird mehr und mehr verwendet. Um Fischen, Krustentieren, Geflügel und Gemüse den Eigengeschmack zu erhalten, gibt es keine bessere Methode als das Dünsten. Es ist eine sehr schnelle Garmethode, die sich besonders für Fische, Krustentiere, Schlachtfleisch, Geflügel, Gemüse, Kartoffeln, Getreidearten, Süßspeisen usw. eignet.

Anmerkung
Bei dieser Zubereitungsart dürfen nur die allerfrischesten Rohmaterialien verwendet werden.

Fritieren
Frire

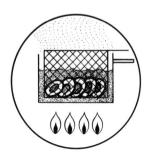

Durch Tauchen in Öl oder Fett garen.
Das Backgut sollte möglichst vorher blanchiert und anschließend bei ca. 170 bis 180 °C ausgebacken werden.
Das Fritieren eignet sich besonders für Fisch, Fleisch, Geflügel, Gemüse, Kartoffeln und Süßspeisen.

Anmerkung
Man achte darauf, fallende Hitze zu vermeiden, da sonst das Backgut zuviel Fettstoff aufnimmt.
Kartoffelgerichte wie: Pommes chips, Gaufrettes, Dauphin usw. werden nicht blanchiert.

Grundzubereitungsarten

Sautieren
Sauter

Es wird meistens für à-la-minute-Gerichte angewendet
Für diese Zubereitungsart gibt es verschiedene Möglichkeiten:

1. In der Bratpfanne oder Sauteuse in heißem Fettstoff anbraten, wie z. B. geschnetzeltes Fleisch und Geflügel, Fisch-Goujons, Gemüse, Kartoffeln usw.

2. Im Sautoir in Fettstoff beidseitig braten bei 170 bis 230 °C, wie z. B. Entrecôtes, Steaks, Koteletts, Geflügelbrüste, kleine Fische usw.

Anmerkung
Stark fallende Hitze sollte bei der Zubereitung von Fleisch unbedingt vermieden werden, da dieses sonst Flüssigkeit zieht und dadurch hart und trocken wird.

Grundzubereitungsarten

Grillieren
Griller

Das Grillieren ist eine sehr bekömmliche Garmethode.
Das Grillgut nur leicht einölen. Folgendes ist zu beachten: zu Beginn des Grillierens sollte die Temperatur 220 bis 240 °C, zum Fertiggrillieren 150 bis 210 °C betragen, dabei soll die stärkere Hitze die Poren schließen. Dünne Stücke erfordern starke Hitze, dicke Stücke schwache Hitze.
Das Grillieren eignet sich sehr gut für kleinere und mittlere Fische, für Fleischstücke wie Entrecôte, Châteaubriand u.a., ebenfalls für Gemüse, Geflügel usw.

Überbacken
Gratiner

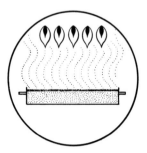

Überbacken oder Überkrusten im Backofen oder unter dem Salamander bei sehr starker Oberhitze (ca. 240 bis 280 °C). Es eignet sich für Suppen, Fische, Fleisch, Geflügel, Gemüse, Kartoffeln, Teigwaren usw.

Anmerkung
Bei Rohprodukten mit poröser Struktur umfaßt das Überbacken den ganzen Garprozeß. Überbacken kann auch für bestimmte Süßspeisen verwendet werden, zum Beispiel zum Abflämmen.

Grundzubereitungsarten

Backen im Ofen
Cuire au four

Es gibt verschiedene Arten:

1. auf dem Gitterrost bei 170 bis 240 °C;
2. auf dem Blech bei 150 bis 240 °C.

Im Ofen wird ohne Zugabe von Flüssigkeit oder Fett gegart oder in Formen gebacken.

Anmerkung
Diese Garmethode eignet sich speziell für Fleischgerichte wie Schinken im Teig, Filet Wellington usw., außerdem für Kartoffeln (baked potatoes), Teiggerichte, Süßspeisen, Gebäck.

Braten
Rotir

Im Ofen bei ca. 210 bis 250 °C anbraten und anschließend bei 120 bis 200 °C fertigbraten. Es sollte also bei starker Hitze angebraten und unter ständigem Arrosieren mit Fettstoff und absinkender Hitze gegart werden.
Diese Art eignet sich sehr gut für Schlachtfleisch, Geflügel, Wild, Fisch, Kartoffeln usw.
Am Spieß sollte bei 230 bis 280 °C angebraten und bei 160 bis 220 °C fertig gebraten werden. Es ist das gleiche Prinzip wie beim Braten im Ofen, es wird jedoch eine allgemein größere Hitze benötigt.
Für diese Grundzubereitungsart eignet sich speziell dunkles Fleisch.

Grundzubereitungsarten

Braisieren
Braiser

Dunkles Fleisch

Mit Deckel im Ofen.
Bei guter Hitze rasch anbraten, Mirepoix dazugeben, Fett entfernen, mit Wein oder Marinade ablöschen. Stark einkochen lassen, mit etwas braunem Fond bis ca. ein Viertel auffüllen. Dann wieder bis fast zur Glace einkochen. Wieder mit Fond wie vorher auffüllen. Das Ganze im Ofen zugedeckt weich braisieren. Von Zeit zu Zeit arrosieren und das Fleisch wenden. Den Fond passieren und reduzieren. Nochmals passieren und abschmecken. Eventuell mit Butter aufmontieren. Das Fleisch abgedeckt mit etwas Fond und Oberhitze unter ständigem Arrosieren glasieren.

Fisch und Gemüse

Mit Deckel im Ofen bei ca. 140 bis 160 °C.
Bei schwacher Hitze andünsten, mit entsprechendem Fond wenig ablöschen und zudecken. Im Ofen unter zeitweiligem Arrosieren garen. Flüssigkeit nach und nach dazu geben.

Grundzubereitungsarten

Glacieren
Glacer

Für weißes Fleisch und Geflügel

Mit Deckel im Ofen.
Etwas weniger heiß anbraten als beim Braisieren: ca. 180 °C. Mit braunem Fond ein Sechstel des Bratgutes auffüllen und unter ständigem Arrosieren zugedeckt garen. Kurz vor dem Garpunkt den Deckel wegnehmen und das Gargut unter viel Oberhitze unter ständigem Arrosieren glasieren.

Anmerkung
Der braune Fond bildet sofort eine klebrige Kruste und verhütet dadurch das Auslaufen des Fleischsaftes.

Gemüse

Mit Deckel bei 150 bis 200 °C unter Zugabe von etwas Zucker, Butter, Wasser oder Fond bei schwacher Hitze dünsten. Wenn die Flüssigkeit stark eingekocht ist, den Deckel entfernen, durch ständiges Rütteln überglänzen.

Anmerkung
Diese Zubereitungsart eignet sich besonders für zuckerhaltige Gemüse wie Karotten, Weißrüben, kleine Zwiebeln usw.

Grundzubereitungsarten

Poelieren
Poêler

Mit Deckel im Ofen mit Mirepoix bei ca. 140 bis 210 °C.
Im Ofen bei schwacher Hitze zugedeckt langsam im eigenen Saft unter zeitweiligem Arrosieren garen. Kurz vor dem Garpunkt den Deckel entfernen und Farbe nehmen lassen. Gargut herausnehmen. Das Bratengeschirr mit Weißwein ablöschen, etwas braunen Fond beigeben und reduzieren. Das Ganze passieren, abfetten und abschmecken.

Anmerkung
Diese Zubereitungsart eignet sich besonders für Geflügel und zarte Schlachtfleischstücke.

Dünsten
Etuver

Mit Deckel. Schwächere Stufe als Braisieren, das heißt 110 bis 130 °C.
In Fettstoff ohne Flüssigkeit zugedeckt mit wenig Hitze dünsten. Die Flüssigkeit, die sich gebildet hat, reduzieren lassen. Je nach Gericht den Fond mitservieren.

Anmerkung
Besonders für Fische, kleinere Schlachtfleischstücke (Entrées), Gemüse, Früchte usw. geeignet.

Brühen, Farcen, Teige

Brühen
Fonds

Allgemeines
Um eine gute Sauce herstellen zu können, benötigt man unbedingt einen sorgfältig und mit viel Liebe gepflegten Fond. Um das bestmögliche von den Knochen herauszuholen, sind diese stets klein zu hacken. Das Ablöschen der Knochen für braune Fonds sollte stets mit wenig Flüssigkeit geschehen, anschließend bis fast zur Glace reduzieren. Dieses Verfahren sollte drei- bis viermal wiederholt werden, dadurch erhält man einen kräftigen und farblich schönen und guten Fond.

Anmerkung
Sollte ein Fond trotz allem trübe werden, kann er wie folgt geklärt werden:

Das Klären mit Eiweiß
Leicht aufgeschlagenes Eiweiß mit etwas Schnee oder Eiswürfeln mischen und der Brühe beigeben. Unter ständigem Rühren zum Siedepunkt bringen. Das Eiweiß fängt die Trübstoffe ein, es bilden sich kleine Knollen, und der Fond wird zusehends klarer.

Das Klären mit Eis
Der warmen Brühe Schnee oder Eiswürfel beigeben, unter ständigem Rühren zum Siedepunkt bringen. Durch die Kälte ziehen sich die luftgesättigten Trübstoffe zusammen und werden daher schwer.

Brühen, Farcen, Teige

Weiße Geflügelbrühe
Fond blanc de volaille

Zutaten für etwa 1 l Geflügelbrühe

- 1 Suppenhuhn (blanchiert)
- 50 g weißes Bouquet garni (Zwiebeln, Weißes von Lauch, Sellerie und Kräuter)
- 2 l Wasser
- Salz
- Pfeffer aus der Mühle

Zubereitung
Das Suppenhuhn in Kasserolle geben, mit kaltem Wasser auffüllen, aufkochen und abschäumen. Bouquet garni und Gewürze beigeben.
2 Std. sorgfältig sieden lassen, indem man von Zeit zu Zeit abschäumt und entfettet.
Den Fond durch ein Tuch oder feines Sieb passieren und abschmecken.

Anmerkung
Das Suppenhuhn kann anschließend für verschiedene Gerichte in der kalten Küche verwendet werden.

Weiße Kalbsbrühe
Fond blanc de veau

Zutaten für etwa 1 l Kalbsbrühe

- 1 kg klein zerhackte Kalbsknochen
- 50 g weißes Bouquet garni
- 2 l   Wasser
-         Salz
-         Pfeffer aus der Mühle

Zubereitung
Die blanchierten Knochen kalt aufsetzen, aufkochen und abschäumen.
Bouquet garni und Gewürze beigeben.
2 Std. sieden lassen, indem man von Zeit zu Zeit abschäumt und entfettet.
Den Fond durch ein Tuch oder Sieb passieren und abschmecken.

Anmerkung
Anstelle von Kalbsknochen können auch Kalbsfüße und/oder Kalbsabschnitte verwendet werden.

Braune Geflügelbrühe
Fond de volaille brun

Zutaten für etwa 1 l Geflügelbrühe

1 kg	kleinzerhackte Geflügelknochen und Abschnitte.
20 g	Fettstoff
50 g	Mirepoix
50 g	Tomaten in Würfel geschnitten
3 dl	Weißwein
2 l	Wasser
	Salz
	Pfeffer aus der Mühle

Zubereitung

Die Knochen und Abschnitte mit dem Fettstoff in einem Sautoir im Ofen braun rösten.

Fettstoff entfernen, Mirepoix und Tomaten beigeben und sorgfältig 4 bis 5 Min. weiterrösten.

Zuerst mit dem Weißwein, dann mit 5 dl Wasser ablöschen und einkochen lassen.

Nochmals mit dem gleichen Quantum auffüllen und bis zur Glace reduzieren.

Die restliche Flüssigkeit beigeben und während 2 Std. langsam sieden lassen, indem man von Zeit zu Zeit abschäumt und entfettet.

Durch ein Tuch oder feines Sieb passieren und abschmecken.

Anmerkung

Durch das wiederholte Einkochen erhält man einen kräftigen und farblich schönen Fond.

Braune Kalbsbrühe
Fond de veau brun

Zutaten für etwa 1 l Kalbsbrühe

1 kg	klein zerhackte Kalbsknochen und Abschnitte
20 g	Fettstoff
50 g	Mirepoix
500 g	Tomaten in Würfel geschnitten
1,5 l	Fleischbrühe (Rezept Seite 44)
1 l	Wasser
	Salz
	Pfeffer aus der Mühle

Zubereitung

Die Knochen und Abschnitte mit dem Fettstoff in einem Sautoir im Ofen braun anbraten.
Fettstoff entfernen, Mirepoix und Tomaten beigeben und sorgfältig 4 bis 5 Min. weiterbraten.
Mit der Hälfte der Fleischbrühe ablöschen und einkochen lassen.
Mit der restlichen Fleischbrühe auffüllen und nochmals bis zur Glace einkochen.
Das Wasser beigeben und während 2 Std. langsam sieden lassen, indem man von Zeit zu Zeit abschäumt und entfettet.
Durch ein Tuch oder feines Sieb passieren und abschmecken.

Lammbrühe
Fond d'agneau

Zutaten für 1 l Lammbrühe

- 1 kg kleinzerhackte Lammknochen
- 2 l Wasser
- 50 g weißes Bouquet garni
- einige Petersilienstengel
- Salz, Pfeffer aus der Mühle

Zubereitung
Die blanchierten Knochen kalt aufsetzen, aufkochen und abschäumen.
Das Bouquet garni, Petersilienstengel und Gewürze beigeben.
1 Std. sieden lassen, indem man von Zeit zu Zeit abschäumt und entfettet.
Den Fond durch ein Tuch passieren und abschmecken.

Anmerkung
Zusammen mit den Knochen können auch Lammfüße oder Lammabschnitte verwendet werden.

Fischbrühe
Fond de poisson

Zutaten für etwa 1 l Fischbrühe

- 1 kg zerkleinerte Fischgräte und Abschnitte (gut gewaschen)
- 50 g weiße Mirepoix (Zwiebeln, weißes von Lauch, Sellerie, Fenchelkraut, Dill)
- 30 g Champignonabschnitte
- 0,2 dl Öl
- 2 dl Weißwein
- 1,2 dl Wasser
- Salz
- Pfeffer aus der Mühle

Zubereitung

Die Mirepoix mit den Champignonabschnitten in Fettstoff dämpfen.
Die Fischgräte und Abschnitte beigeben, mit Weißwein und Wasser auffüllen.
Während 20 Min. sieden lassen, indem man von Zeit zu Zeit abschäumt und entfettet.
Durch ein Tuch oder feines Sieb passieren und mit Salz und Pfeffer abschmecken.

Anmerkung

Zur Herstellung eines guten Fond de poisson sollte man nur Gräte von frischen Fischen (Seezungen, Steinbutt usw.) verwenden.

Sud zum Pochieren von Fischen und Krustentieren
Court-Bouillon

Zutaten für 2 l Wasser

5 dl	trockener Weißwein	
200 g	Karotten	
100 g	weißer Lauch	fein geschnitten
100 g	Zwiebeln	
50 g	Sellerie	
1	Knochblauchzehe ungeschält	
5	Petersilienstengel	
1	kleiner Thymianzweig	
½	Lorbeerblatt	
5	zerdrückte weiße Pfefferkörner	
3	Korianderkörner	
	Salz	

Zubereitung
Wasser und Weißwein zusammen zum Kochen bringen.
Alle übrigen Zutaten beigeben und 10 Min. ziehen lassen.

Muschelbrühe
Fond de moules

Zutaten für 1 Liter Muschelfond

1,5 kg	Miesmuscheln
0,8 dl	Wasser
0,8 dl	Weißwein, trocken
10 g	feingehackte Schalotte
10 g	Stangensellerie
	etwas Petersilienstengel
	wenig Thymian
	Pfeffer aus der Mühle

Zubereitung

Die sauber abgekratzten und gut gewaschenen Muscheln mit Wasser, Wein, Schalotten und Selleriewürfel sowie Petersilie und Thymian in einem passenden Geschirr zum Kochen bringen, mit Pfeffer würzen.
Zugedeckt etwa 3 bis 4 Min. kochen lassen, bis sich die Muscheln öffnen.
Die Muscheln mittels einer Schaumkelle aus dem Sud nehmen. Für die Muscheln selbst gibt es verschiedene Verwendungsmöglichkeiten.
Den Sud 3 bis 4 Minuten abstehen lassen und anschließend durch ein feines Tuch passieren.

Anmerkung

Es ist sehr wichtig, daß der Sud sorgfältig passiert wird, damit kein Sand mehr darin zurückbleibt.

Fleischextrakt
Glace de viande

10 l Fond de veau brun oder Fleischbrühe (Rezept Seite 44) in passender Kasserolle auf kleinem Feuer eindünsten lassen. Während des Reduzierens die immer weniger werdende Flüssigkeit in kleinere Kasserollen geben. Es ist darauf zu achten, daß der Rand der Kasserollen mit einer Spatula immer sauber gehalten wird.

Anmerkung
Gleiche Extrakte können auch von Fisch, Geflügel, Wild usw. hergestellt werden.

Wildbrühe
Fond de gibier

Zutaten für etwa 1 l Wildbrühe

1 kg	feinzerhackte Wildknochen und Abschnitte
20 g	Fettstoff
50 g	Mirepoix
4 bis 5	Wacholderbeeren
3 dl	Weißwein
1 l	Fond de veau brun (Rezept Seite 37)
1,5 l	Wasser
	Salz
	Pfeffer aus der Mühle

Die Knochen und Abschnitte mit dem Fettstoff in einem Sautoir sorgfältig braun anbraten.
Fettstoff entfernen, Mirepoix mit den Wacholderbeeren beigeben und vorsichtig 4 bis 5 Min. weiterrösten.
Mit dem Weißwein ablöschen und einkochen lassen.
Mit dem Fond de veau auffüllen und nochmals bis zur Glace einkochen.
Die restliche Flüssigkeit beigeben und während 1½ Std. langsam sieden lassen, indem man von Zeit zu Zeit abschäumt und entfettet.
Durch ein Tuch oder Sieb passieren und abschmecken.

Anmerkung
Durch das wiederholte Einkochen erhält man einen kräftigen und farblich schönen Fond.

Brühen, Farcen, Teige

Fleischbrühe
Bouillon de viande

Zutaten für etwa 1 l Bouillon

1 kg	zerhackte Rinderknochen
200 g	magere Kuhfleischabschnitte
50 g	Bouquet garni
½	Röstzwiebel
2 l	Wasser
	Salz
	Pfeffer aus der Mühle

Zubereitung
Die gewässerten, wenn nötig blanchierten Knochen und das Fleisch in kaltem Wasser in einer Kasserolle auf den Siedepunkt bringen und abschäumen.
Übrige Zutaten beigeben.
Während 2 Std. sieden lassen, indem man von Zeit zu Zeit abschäumt und entfettet.
Die Bouillon durch ein Tuch oder feines Sieb passieren und abschmecken.

Anmerkung
Um der Bouillon eine schöne Farbe zu geben, werden die gerösteten Zwiebeln mit der Schale verwendet.

Brühen, Farcen, Teige

Wildentenbrühe
Fond de canard sauvage

Zutaten für 1 Liter

- 30 g   fein gehackter Brustspeck
- 1 kg   Wildentenkarkassen
- 50 g   gehackte Schalotten
- 50 g   in Würfel geschnittene Karotten
- 20 g   Stangensellerie
- 50 g   Champignonabschnitte
- 1   Thymianzweig
- 10   Wacholderbeeren
- 1   Gewürznelke
- 20 g   Tomaten, in Würfel geschnitten
- 10 g   Petersilienabschnitte
- 2 dl   Rotwein
- 1 l   Wildbrühe (Rezept Seite 43)
- 0,1 dl Essig
-        Salz und Pfeffer aus der Mühle

Zubereitung
Den fein gehackten Brustspeck in passendem Geschirr Geschmack nehmen lassen.
Die klein gehackten Wildentenkarkassen beigeben und braun anbraten.
Das Bratenfett entfernen und die Schalotten, Karotten und Selleriewürfel sowie die Champignonabschnitte beigeben.
Etwas weiter anbraten, jedoch ohne Farbe zu nehmen.
Lorbeerblatt, Thymian, Wacholder, Gewürznelken und die Tomaten sowie die Petersilie beigeben.
In mittelheißem Ofen etwa 10 bis 15 Min. vorsichtig anrösten.
Mit Essig und Rotwein ablöschen und ganz einkochen lassen.
Mit der Wildbrühe auffüllen, mit etwas Salz würzen und das Ganze etwa 1 Std. sieden lassen, indem man von Zeit zu Zeit den Fond abschäumt.
Anschließend durch ein feines Sieb passieren, nochmals etwas einkochen lassen und mit Salz und Pfeffer abschmecken.

Brühen, Farcen, Teige

Gemüsebrühe
Fond de légumes

Zutaten für etwa 1 l Fond

30 g	Fettstoff	
40 g	Zwiebeln	
40 g	Lauch	
20 g	Sellerieknollen	Gemüseabschnitte
30 g	Kohl	feinblättrig
20 g	Fenchel	geschnitten
30 g	Tomaten	
½	Lorbeerblatt	
½	Nelke	
1,5 l	Wasser	
	Salz	
	Pfeffer aus der Mühle	

Zubereitung
Zwiebeln und Lauch in Fettstoff dämpfen
Das übrige Gemüse beigeben und etwa 10 Min. mitdämpfen.
Mit dem Wasser auffüllen und während 20 Min. sieden lassen.
Durch ein Tuch oder Sieb passieren und abschmecken.

Anmerkung
Dieser Fond wird hauptsächlich für Suppen und vegetarische Gerichte verwendet.

Hechtmousseline
Mousseline de brochet

Zutaten für 4 Personen

250 g Hechtfleisch, ohne Haut und von den Gräten befreit
         Salz, Pfeffer aus der Mühle
         etwas Cayenne und Muskat
  3 dl Vollrahm

Zubereitung
Das Hechtfleisch durch die feine Scheibe des Fleischwolfs passieren.
Anschließend in einer Schüssel auf Eis stellen.
Mit Salz, Pfeffer und Muskat sowie Cayenne würzen.
Den Rahm mittels eines Holzlöffels darunterarbeiten.
Das Ganze durch ein Haarsieb streichen, abschmecken und kühl aufbewahren.

Anmerkung
Es ist sehr wichtig, daß der Rahm langsam und durch starkes Verarbeiten eingerührt wird, damit er sich mit dem Hechtfleisch verbinden kann. Diese Mousseline kann für Quenelles (Klöße) verwendet werden, aber auch als Füllung, z. B. für Tronçon de turbot farci usw. (Rezept Seite 135)

Brühen, Farcen, Teige

Geflügelmousseline
Mousseline de volaille

Zutaten für 4 Personen

150 g weißes Pouletfleisch, gut pariert
3,5 dl Rahm
       Salz, Pfeffer aus der Mühle

Zubereitung
Das gut parierte Fleisch durch die feine Scheibe des Fleischwolfs geben und anschließend durch ein feines Sieb passieren.
Dann in einer Schüssel auf Eis stellen.
Den Rahm unter ständigem Rühren nach und nach darunterziehen, so daß eine leichte, luftige Masse entsteht.
Mit Salz und Pfeffer würzen.

Geflügelfüllung
Farce de volaille
(Für Terrine Covent Garden)

Zutaten für 4 Personen:

80 g weißes Pouletfleisch (Brust ohne Haut)
 2 dl Rahm
75 g Brunnenkresse, von den Stielen befreit
        Salz, Pfeffer aus der Mühle

Zubereitung
Das Pouletfleisch gut entnerven, fein passieren, anschließend durch ein Sieb streichen.
Das Pouletfleisch in einer Schüssel auf Eis stellen, gut durchkühlen lassen.
Dann den Rahm nach und nach unter das Pouletfleisch mischen, so daß eine leichte, luftige Farce entsteht.
Die Brunnenkresse mit wenig Fond blanc de volaille fein pürieren.
Ein Drittel der Farce mit dem Brunnenkressepurée vermischen.
Beide Farcen mit Salz und Pfeffer abschmecken.

Wildfarce
Farce à gratin

Zutaten für 250 g Masse

0,2 dl	Erdnußöl
10 g	Butter
200 g	Fleisch vom Federwild
100 g	Leber vom Federwild
5 g	Schalotte, fein gehackt
50 g	Champignons, gekocht und fein gehackt
0,1 dl	Cognac
0,1 dl	Madeira
0,2 dl	Rahm
	Salz, Pfeffer aus der Mühle

Zubereitung
Das gewürzte Fleisch in Öl kurz ansautieren und erkalten lassen.
Die abgeschmeckte Leber in Butter ansautieren und ebenfalls erkalten lassen.
Wenn Fleisch und Leber erkaltet sind, mit der sautierten Schalotte und den Champignons fein passieren.
Anschließend durch ein Haarsieb streichen. In einer Schüssel auf Eis das Ganze gut nach und nach mit dem Rahm montieren.
Mit Cognac und Madeira verfeinern.
Mit Salz und Pfeffer abschmecken.

Anmerkung
Diese Farce wird hauptsächlich für Wildgeflügel auf einem Croûton angerichtet. Es ist empfehlenswert das Croûton mit der Farce vor dem Servieren kurz unter dem Salamander zu glacieren.

Brioche-Teig
Pâte à brioche

Zutaten für 10 Personen

250 g	Mehl, gesiebt
10 g	Zucker
10 g	Hefe
150 g	Butter
150 g	Eier (3 Stück)
0,5 dl	Milch
1	Prise Salz

Zubereitung
Die Hefe in lauwarmer Milch auflösen.
Mit etwas Mehl und der aufgelösten Hefe einen dünnen Vorteig herstellen.
Diesen 1 bis 1½ Std. an einem warmen Ort aufgehen lassen.
Inzwischen die Butter mit dem Zucker vermischen, weich rühren und die Eier und das Salz daruntergeben.
Aus dem restlichen Mehl und der Butter-Eier-Mischung eine Teigmasse herstellen.
Den Teig solange bearbeiten, bis sich Luftblasen bilden.
Zum Schluß den Vorteig einkneten und die Masse an einem warmen Ort zugedeckt aufgehen lassen.
Die Masse nach dem Aufgehen kurz zusammenschlagen.
Die Formen mit der Masse ⅓ hoch einfüllen.
Diese vor dem Backen nochmals an einem warmen Ort aufgehen lassen.
In einem nicht zu heißen Ofen etwa 25 Min. goldgelb backen.

Anmerkung
Die Masse geht zum doppelten Volumen auf.

Geriebener Teig
Pâte brisée

Zutaten

220 g Mehl, gesiebt
150 g Butter
1 Ei
0,5 dl Milch
15 g Salz

Zubereitung
Mehl, Butter und Salz zusammen gut mit den Händen verreiben.
Das Ei und die kalte Milch dazugeben.
Alles zusammen kneten.
Den Teig vor Gebrauch 1 Std. ruhen lassen.

Süßteig
Pâte sucrée

Zutaten

250 g gesiebtes Mehl
2,5 g Backpulver
100 g Butter
100 g Zucker
   2   Eigelb
       ein wenig Wasser
       Saft von ½ Zitrone

Auf dem Walkbrett macht man in Mehl und Backpulver eine Vertiefung. Butter, Zucker, Eigelb, Wasser und Zitronensaft in die Mulde geben und zu einer zusammenhängenden Masse verarbeiten. Man knetet die Mischung weiter, bis ein glatter Teig entstanden ist. Die Arbeit sollte so schnell wie möglich vonstatten gehen. Dieser Teig eignet sich besonders für Kleingebäck.

Blätterteig
Pâte feuilletée

Zutaten

450 g Mehl
  2 dl Wasser
 15 g Salz
500 g Butter

Zubereitung
Mit dem gesiebten Mehl, Wasser und Salz einen festen und gut durchgearbeiteten Vorteig zubereiten.
Diesen etwa 30 Min. ruhen lassen.
Diesen Teig in ein Rechteck von ca. 2 cm Dicke ausrollen.
Die zweifingerdick flachgedrückte Butter in die Mitte geben, so daß die Teigenden den Längsseiten der Butter gegenüberliegen.
Dann werden die Teigenden über die Butter gelegt, so daß dieselbe richtig eingeschlagen ist.
Den Teig mit der eingeschlagenen Butter zu einem langgezogenen wiederum 2 cm dicken Rechteck ausrollen.
Die beiden Teigenden werden gleichmäßig in die Mitte gelegt, so daß sie sich in der Mitte der Teigfläche berühren.
Dann legt man die beiden Teighälften übereinander, so daß die vorherige Mitte die seitliche Falte bildet.
Dann rollt man den mit Butter eingeschlagenen Teig zu einem Rechteck aus, legt ein Drittel dieses Teiges über das mittlere Drittel und bedeckt diese beiden Teile mit dem letzten Drittel, so daß der 2 bis 3 cm dick ausgerollte Teig in drei Schichten übereinander gelagert ist, dies nennt man eine einfach Tour.
Der Blätterteig erfordert vier doppelte oder sechs einfache Touren. Zwischen jeder Tour sollte der Teig 20 Min. an einem kühlen Ort ruhen. Für Feuilletées gibt man zusätzlich eine doppelte oder eine einfache Tour dazu. Der Teig sollte vor Gebrauch mindestens 2 Std. ruhen können, damit er bei der Verarbeitung regelmäßig aufgeht.
Mit einem scharfen Messer schneidet man den Teig, der unbedingt fest sein muß, damit es einen glatten Schnitt gibt. Natürlich kann dies auch mittels eines Ausstechers geschehen.

Brühen, Farcen, Teige

Schnell zubereiteter Blätterteig

Wenn es die Not erfordert, kann man Blätterteig im Blitztempo herstellen. Die Zutaten sind dieselben.
Die eiskalte Butter wird in nußgroße Würfel geschnitten. Diese Butterwürfel mischt man mit dem Mehl und knetet beides mit Wasser und Salz zu einem Teig zusammen, wobei die Butterwürfel die Form behalten. Nach einer Pause von mindestens 5 Min. muß man dem Teig vier doppelte Touren geben.

Anmerkung

Es ist empfehlenswert, sämtliche Blätterteigstücke, die zur Verarbeitung gebraucht werden, im Tiefkühler ruhen zu lassen. Es ist sogar zu empfehlen, zum Beispiel ein Feuilletée gefroren auf einem Stück Pergamentpapier aufs Blech zu geben und im Ofen zu backen. Der Teig verliert etwas Flüssigkeit, wodurch Dampf entsteht und Dampf wiederum macht den Blätterteig viel luftiger beim Ausbacken.

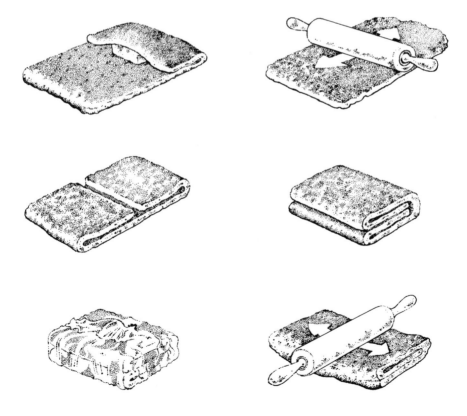

Brühen, Farcen, Teige

Ravioliteig
Pâte à Ravioli

Zutaten für 4 Personen

100 g   Mehl gesiebt
 30 g   Grieß
0,1 dl Öl
 ½   Ei
0,5 dl Wasser
  2 g   Salz

Zubereitung
Mehl und Grieß zu einem Kranz formen.
Ei, Öl, Salz und Wasser in die Mitte geben.
Das Mehl nach und nach in die Mitte mischen.
Das Ganze zu einem glatten, festen Teig verarbeiten.

Anmerkung
Dieser Teig sollte vor Gebrauch 1 bis 2 Std. ruhen.

Spinatnudeln
Nouilles aux epinards

Zutaten für 4 Personen

200 g	Mehl gesiebt
25 g	Grieß
0,1 dl	Öl
1	Ei
3,5 g	Salz
50 g	Spinat, feinpüriert
	evtl. etwas Wasser

Zubereitung

Das Mehl und den Grieß zu einem Kranz formen.
Die andern Zutaten in die Mitte des Kranzes geben.
Das Mehl mit dem Grieß nach und nach in die Mitte mischen und alles zu einem sehr zähen, glatten Teig verarbeiten.
Diesen wenigstens 2 bis 3 Std. in einem feuchten Tuch eingeschlagen an der Kühle ruhen lassen.
Den Teig anschließend in fünf Stücke teilen und jedes Stück papierdünn auswallen.
Den ausgewallten Teig zusammenlegen und in etwa 6 bis 7 mm breite Streifen schneiden.
Diese Nudeln können frisch abgekocht oder getrocknet werden.

Anmerkung

Es ist darauf zu achten, daß die Nudeln immer «al dente» gekocht werden. Nach dem Abschütten kurz mit kaltem Wasser abschrekken, in Butter sautieren, abschmecken und sofort servieren.
Werden die Nudeln nicht sofort verwendet, kann man sie auf einem Brett ausgebreitet an einem luftigen Ort trocknen.

Saucen

Es sei an dieser Stelle wiederholt: Den guten Koch erkennt man an den Saucen. Im Orchester einer großen Küche ist die Sauce eine Solistin, denn gute Saucen sind die vollkommene Begleitung einzelner Speisen. Ja, Vielfalt der Saucen ist der grundlegende Reichtum einer guten Küche. Eine sorgfältig zubereitete Brühe bildet das Fundament einer feinen Sauce.
Heutzutage macht man die Saucen viel leichter, indem man kein Mehl nimmt. Durchs Einkochen der Brühe erhält man eine kräftige Sauce, die mit Rahm oder Butter gebunden wird. Man kann die Sauce mit einem Bindungsmittel verdicken oder im Mixer schlagen (so daß sie leicht wird). Die meisten Saucen werden *à la minute* zubereitet, das heißt im letzten Augenblick, und nur in der erforderlichen Menge.

Hummersauce
Sauce de homard

Zutaten für 4 Personen

1	Hummer (250 bis 300 g)
0,5 dl	Olivenöl
50 g	Mirepoix
50 g	Tomatenwürfel
0,5 dl	Cognac
1 dl	Weißwein
5 dl	Fischbrühe
	etwas frischer Dill und Estragon
	etwas Fleischextrakt
50 g	Butter
	Salz und Pfeffer aus der Mühle

Der überbrühte Hummer wird halb zerschnitten und in Stücke zerteilt. Der Magen wird entfernt, der Rogen aufbewahrt. Die Hummerstücke werden im Olivenöl auf allen Seiten (bis die Schale ganz rot ist) gebraten, wobei man einen Holzspatel benutzt. Mirepoix und Tomaten hinzufügen und weiterdünsten lassen. Mit Cognac flambieren und dann den Weißwein hinzufügen. Als letztes fügt man Fischbrühe und die gehackten Kräuter hinzu und läßt aufkochen. Die Hummerstücke werden herausgenommen und das Fleisch von der Schale gelöst. Die Hummerschalen zerstampft man möglichst fein und gibt sie in den Topf zurück. Ungefähr 30 Minuten bei geringer Hitze köcheln lassen. Nun wird der Fleischextrakt hinzugefügt, und man läßt die Brühe um ein Drittel einkochen. Zum Binden benutzt man den mit Butter vermischten Hummerrogen; dann die Sauce passieren und abschmecken.
Das Hummerfleisch kann vielfache Verwendung finden, zum Beispiel für ein kaltes Buffet.

# Saucen

Krebssauce
Sauce aux écrevisses

Zutaten für 1 l Krebssauce

20	Flußkrebse
60 g	Butter
15 g	feingehackte Schalotte
1 dl	trockener Weißwein
50 g	Tomatenwürfel
	etwas Estragon und Thymian
0,1 dl	Fleischextrakt
5 dl	Fischbrühe
2 dl	Rahm
	Salz, Cayennepfeffer und frischgemahlener Pfeffer

Die geputzten Krebse werden 15 Sekunden lang in kochendem Wasser blanchiert und sofort herausgenommen. Man dünstet die Schalotte in Butter, fügt die Krebse hinzu und röstet sie an. Mit Weißwein ablöschen. Tomaten, Estragon und Thymian hinzufügen und alles 2 Min. lang kochen lassen. Die Krebse herausnehmen, aufbrechen, die Eingeweide entfernen. Man zerstampft die Krebse und gibt sie wieder dem Sud bei. Fleischextrakt und Fischbrühe kommen nun dazu, und man läßt alles 30 Minuten lang ziehen. Durch ein Musselintuch passieren, den Rahm beigießen und nochmals aufkochen lassen. Zum Schluß wird die Sauce gewürzt.

Western-Sauce
Sauce Western

Zutaten für 4 Personen

```
  5 g   feingehackte Schalotte
 20 g   Butter
100 g   rohe Champignonscheibchen
 80 g   kleine rohe Morcheln (gründlich geputzt)
 50 g   kleine rohe Pfifferlinge (gründlich geputzt)
 40 g   blanchierte, geschälte, getrocknete Walnüsse
0,3 dl  Whisky
0,5 dl  Weißwein
  4 dl  brauner Kalbsfond
        etwas feingehackter Estragon
 50 g   Butter (zum Binden)
        Salz und frischgemahlener Pfeffer
```

Man dünstet die Schalotte in 20 g Butter, fügt Champignons, Morcheln, Pfifferlinge und Walnüsse hinzu und läßt weiterdünsten. Mit Whisky und Weißwein ablöschen und ein wenig einkochen lassen. Den Kalbsfond hinzugießen und etwas reduzieren lassen. Estragon hinzufügen und mit Butter binden. Mit Salz und frischgemahlenem Pfeffer würzen.

Holländische Sauce
Sauce hollandaise

Zutaten für 4 Personen

```
 0,2 dl  Essig
  10 g   feingehackte Schalotte
2 bis 3  zerdrückte Pfefferkörner
 0,2 dl  Wasser
    3    Eigelb
  200 g  geschmolzene und geklärte Butter
         etwas Zitronensaft
         Salz und frischgemahlener Pfeffer
```

In einer kleinen Pfanne werden Essig, Schalotte und die zerdrückten Pfefferkörner fast vollständig eingekocht. Dann fügt man das kalte Wasser und die Eigelb hinzu und läßt die Mischung unter fortwährendem Schwingen im Wasserbad zu einer dicken gebundenen Crème werden. Das Gefäß wird an einen mäßig warmen Ort gestellt, wo man die geschmolzene Butter (55 °C) unter weiterem Rühren ganz allmählich hineinarbeitet. Sparsam mit Salz, Pfeffer und Zitronensaft würzen. Zum Schluß durch ein Haarsieb streichen.

Anmerkung
Als Beigabe zu Spargeln, Artischocken und ähnlichem Gemüse sollte die Holländische Sauce mit Estragonessig und Weißwein zubereitet werden.

Trüffelsauce
Sauce aux truffes

Zutaten für 4 Personen

- 2 dl   Madeira
- 1 dl   Portwein
- 0,5 dl Saft von konservierten Trüffeln
- 2 g   feingehackte Schalotte
- 5 dl   brauner Kalbsfond
- 40 g   Butter (zum Binden)
         Salz und frischgemahlener Pfeffer
         etwas Trüffel

Madeira, Portwein, Trüffelsaft und Schalotte werden fast bis zur Glace eingekocht. Dann fügt man den braunen Kalbsfond hinzu und läßt einkochen, bis die erwünschte Konsistenz erreicht ist. Mit Butter binden, die feingehackten Trüffel hinzufügen und würzen.

Saucen

Rotweinsauce
Sauce marchand de vin

Zutaten für 4 Personen

100 g	feingehackte Schalotten
10 g	Butter
2	ungeschälte Knoblauchzehen
1	Thymianzweiglein
¼	Lorbeerblatt
5 g	zerdrückte Pfefferkörner
4 dl	Rotwein (Burgunder)
3 dl	brauner Kalbsfond
50 g	Fleischextrakt
40 g	Butter (zum Binden)
	Salz und frischgemahlener Pfeffer

Die feingehackten Schalotten in 10 g Butter dünsten, Knoblauch, Thymian, Lorbeerblatt und Pfefferkörner hinzufügen, dann mit Rotwein ablöschen und fast vollständig einkochen lassen. Zuerst den Kalbsfond zugießen, dann kommt der Fleischextrakt dazu, und alles wird zur Hälfte eingekocht. Durch ein Haarsieb streichen und sorgfältig mit Butter binden. Mit Salz und Pfeffer abschmekken.

Wildsauce
Sauce de gibier

Zutaten für 4 Personen

- 1 dl Madeira
- 2 dl roter Portwein
- 1 dl Cognac
-       Thymian, Lorbeerblatt, etwas Orangenschale
- 10   Wacholderbeeren
- 4 dl Wildfond
- 40 g Butter
- 80 g Geflügelleberparfait mit Trüffeln (Rezept Seite 93)
- 1 dl Kalbsblut
- 0,2 dl Vollrahm
-       Salz und frischgemahlener Pfeffer

Madeira, Portwein und 0,5 dl Cognac werden zusammen mit Thymian, Lorbeerblatt, Orangenschale und Wacholderbeeren erhitzt, flambiert und fast vollständig eingekocht. Man löscht mit Wildfond ab und läßt ein wenig einkochen. Mit einer Gabel mischt man Hühnerleberparfait mit weicher Butter und Kalbsblut. Diese Mischung wird der Sauce allmählich vorsichtig beigefügt. Zum Schluß kommen der übrige Cognac und der Rahm dazu.

Durch ein feines Sieb seihen und mit Salz und Pfeffer würzen. Diese Sauce darf nicht mehr aufkochen, nachdem sie mit dem Kalbsblut gebunden worden ist.

Madeirasauce
Sauce madère

Zutaten für 4 Personen

- 10 g feingehackte Schalotte
- 10 g Butter
- 1 Thymianzweiglein
- ¼ Lorbeerblatt
- 0,8 dl Madeira
- 3 dl brauner Kalbsfond
- 20 g Fleischextrakt
- 40 g Butter (zum Binden)
-   Salz und frischgemahlener Pfeffer

Die feingehackte Schalotte wird in 10 g Butter kurz gedünstet. Man fügt Thymian und Lorbeerblatt hinzu, löscht mit Madeira ab und läßt fast vollständig einkochen. Der Kalbsfond und der Fleischextrakt kommen hinzu, und man läßt die Sauce einkochen. Durch ein feines Sieb passieren und mit der Butter aufmontieren. Mit Salz und Pfeffer würzen.

Hummersalat mit grünen Spargeln
Méli-mélo de homard aux pointes d'asperges

Rezept Seite 76/77

Austernsalat mit Blattspinat à la Catherine
Salade aux huîtres Catherine

Rezept Seite 80

Saucen

Foyot-Sauce
Sauce Foyot

Zutaten für 4 Personen

- 1 dl Estragonessig
- 20 g gehackte Schalotte
- 2 g zerdrückte Pfefferkörner
- 1 dl Weißwein
- 3 Eigelb
- 200 g geschmolzene und geklärte Butter
-   Salz und frischgemahlener Pfeffer
-   ein paar gehackte Estragonblätter

Man läßt den Essig mitsamt Schalotte und Pfefferkörnern ein wenig einkochen. Dann wird im Wasserbad unter Hinzufügung von Weißwein und Eigelb unter ständigem Rühren bei gelinder Hitze eine dicke gebundene Sauce hergestellt. Zum Schluß rührt man allmählich die geschmolzene Butter hinein, wobei die Kochhitze vermindert wird. Sparsam mit Salz und Pfeffer würzen. Durch ein Musselintuch seihen und den gehackten Estragon beifügen. Die Saucière darf nicht zu heiß sein, sonst gerinnt die Sauce.

Saucen

Currysauce
Sauce au curry

Zutaten für 4 Personen

30 g	feingehackte Zwiebel
20 g	Butter
30 g	geschälter und in Stückchen geschnittener Apfel
30 g	geschälte und in Stückchen geschnittene Banane
10 g	Currypulver
2 g	Currypaste
1 dl	Weißwein
4 dl	Hühnerbrühe
20 g	Mango-Chutney
1 g	Maismehl (Maizena)
	Salz und frischgemahlener schwarzer Pfeffer
0,4 dl	Vollrahm
40 g	Erdnußbutter (zum Binden)

Die feingehackte Zwiebel wird sorgfältig in 20 g Butter gedünstet, ohne daß sie die Farbe verändert. Apfel und Banane nun mitdünsten, bis alle Flüssigkeit verdunstet ist. Man fügt Currypulver und Currypaste hinzu, löscht mit Weißwein ab und läßt zur Hälfte einkochen. Nun werden Hühnerbrühe und Mango-Chutney beigegeben, außerdem Salz und Pfeffer. Etwa 20 bis 25 Min. lang leise kochen lassen. Im Mixer pürieren und dann bis zur gewünschten Konsistenz einkochen lassen. Man verrührt den Rahm mit dem Maismehl, fügt die Mischung der Sauce bei und bindet sie mit Erdnußbutter. Nochmals mit Salz und Pfeffer nach Geschmack würzen.

Basilikumbutter
Beurre de basilic

Zutaten für 4 Personen

100 g Butter
 10 g Basilikum ohne Stiel
       Salz und frischgemahlener Pfeffer
       etwas Zitronensaft

Man mischt die Butter mit dem feingehackten Basilikum und würzt mit Salz und Pfeffer. Zum Schluß kommt der Zitronensaft hinzu.
Diese Butter kann im Kühlschrank aufbewahrt und zum Binden verschiedener Saucen verwendet werden.

Saucen

Pistazienbutter
Beurre de pistache

Zutaten für 4 Personen

- 80 g Butter
- 30 g blanchierte und geschälte Pistaziennüsse
- 0,2 dl Kirschwasser
- 0,3 dl Vollrahm
- ein wenig Bittermandelessenz
- Salz und frischgemahlener Pfeffer

Die Butter wird leicht schaumig gerührt, der Kirsch mit den Pistaziennüssen püriert. Man mischt alle Teile, auch den Vollrahm und würzt dabei mit Bittermandelessenz, Salz und Pfeffer.
Pistazienbutter muß weich bleiben, sie darf nicht zu fest werden.

Saucen

Krebsbutter
Beurre d'écrevisses

Zutaten für 4 Personen

100 g Krebsschalen, zerstoßen
150 g Butter
　　　　Salz und frischgemahlener Pfeffer
　　　　ein wenig Cognac

Krebsschalen und Butter werden zu einem Brei verrührt. Unter beständigem Rühren wird die Masse auf gelindem Feuer erhitzt, bis die Butter geklärt ist. Mit Wasser auffüllen und an einen kühlen Ort stellen. In einigen Stunden ist die Butter vom Wasser geschieden und kann leicht herausgenommen werden. Man läßt sie nocheinmal aufkochen und würzt mit Salz und Pfeffer. Den Cognac beifügen und alles durch ein Musselintuch passieren.

Anmerkung
Auf gleiche Weise wird Hummerbutter hergestellt. Statt der Krebsschalen nimmt man Hummerschalen, die so rot wie möglich sein sollten.

Saucen

Gedünstete Tomatenwürfel
Tomates concassées

Zutaten für 4 Personen

1 kg	reife Tomaten
20 g	feingehackte Schalotte
2	ungeschälte Knoblauchzehen
0,1 dl	Olivenöl
	etwas Oregano und Thymian
	Salz und frischgemahlener Pfeffer

Die Tomaten (ohne das Grün) werden etwa 12 Sek. lang in heißem Wasser blanchiert. Dann schält man sie, nimmt die Körner heraus und zerschneidet die Tomaten in kleine Stücke. Schalotte und Knoblauch werden im Öl gedünstet, ohne daß sie die Farbe verändern. Tomaten und Kräuter hinzufügen und mit Salz und Pfeffer würzen. Man deckt die Kasserolle zu und dämpft die Tomaten sorgsam 25 Min. lang, bis sie gar sind und alle Flüssigkeit verdunstet ist. Wenn man will, kann man die Knoblauchzehen entfernen. Mit Salz und Pfeffer abschmecken.

Um ein Püree zu erhalten, kann man die Tomates concassées durch ein feines Sieb passieren.

Vorspeisen
Hors d'œuvres

Unter dem Hors d'œuvre versteht man die kleine appetitanregende Vorspeise, die einem Mahl von mehreren Gängen vorausgeht. Es bietet sozusagen einen Vorgeschmack auf das Kommende. Wenn es diesem Zweck dient, muß es einen markanten Gegensatz zu den folgenden Speisen bilden. Auf keinen Fall darf es sättigen, darum muß es leicht, pikant und farbenfreudig arrangiert sein. Der Koch soll bestrebt sein, dem Auge etwas Hübsches zu bieten, aber alles, was auf dem Teller ist, muß eßbar sein und zusammenpassen. Ungenießbare Garnituren kommen nicht in Frage. Schmackhaftigkeit und Einfachheit sind wesentlich. Im Stil der Vorspeise kommt die Persönlichkeit des Kochs zum Ausdruck.

Vorspeisen

Hummersalat mit grünen Spargeln
*Méli-mélo de homard
aux pointes d'asperges*

Zutaten für 4 Personen

Sud
- 1 l Wasser
- 3 dl trockener Weißwein
- 12 gestoßene Pfefferkörner
- etwas Thymian
- ¼ Lorbeerblatt
- 50 g in kleine Stücke geschnittene Zwiebel
- 40 g in kleine Stücke geschnittene Karotte
- Salz und frischgemahlener Pfeffer

Hummersalat
- 1½ l Sud
- 2 kleine Hummer (je 250 g)
- 200 g grüne Bohnen
- 50 g frische Steinpilze
- 50 g frische Pfifferlinge (Eierschwämme)
- 0,1 dl Olivenöl
- 8 grüne Spargelspitzen
- Salz und frischgemahlener Pfeffer
- 1 Kopfsalat, gewaschen und abgetrocknet
- 2 Köpfe roter Brüsseler (Chicorino)
- 1 Lattichsalat
- 4 Trüffelscheiben
- 16 Basilikumblätter

Sauce vinaigrette
- 1 dl Haselnußöl
- 0,2 dl Sherryessig
- 5 g feingehackte Schalotte
- Salz und frischgemahlener Pfeffer

Vorspeisen

Für den Sud werden Wasser und Wein zum Kochen gebracht. Dann fügt man die übrigen Zutaten hinzu und läßt die Brühe 10 Minuten lang ziehen. Nach Geschmack würzen.
Die Hummer in die Brühe geben und 5 Minuten lang ziehen lassen. Dann nimmt man sie heraus und hält sie warm.
Die Bohnen werden gewaschen, knackig gegart und sofort in kaltes Wasser gelegt.
Die geputzten Pilze werden im Olivenöl geschmort und lauwarm gehalten.
Die Spargelspitzen kocht man, ohne daß sie ausgelaugt werden, und würzt sie.
Die sauber geputzten, trockenen Salate werden auf einem Teller arrangiert. Bohnen, Spargelspitzen und Pilze legt man ringsum.
Das von der Schale befreite Hummerfleisch wird in kleine Stücke geschnitten und auf den Salatblättern arrangiert.
Für die Vinaigrette werden alle Zutaten gemischt. Der Salat wird mit der Vinaigrette besprenkelt und mit Trüffelscheiben garniert. Zum Schluß wird er mit den Basilikumblättern belegt.
Wichtig ist, daß Hummer, Pilze, Bohnen und Spargelspitzen immer noch lauwarm sind, wenn der Salatteller aufgetragen wird.

Vorspeisen

Artischockensalat mit Wachteln
Salade d'artichauts aux cailles

Zutaten für 4 Personen

- 2 Wachteln
- 20 g Butter
- Salz und frischgemahlener Pfeffer
- 6 Wacholderbeeren
- 2 dl Geflügelfond
- 2 Artischockenböden (Rezept Seite 229)
- 60 g rohe Gänseleber, in Scheiben geschnitten
- 60 g rohe kleine Steinpilze, in Scheiben geschnitten
- 16 Weintrauben, geschält und entkernt
- 4 Walnüsse, geschält und in Viertel geteilt
- Vinaigrette
- etwas Kerbel

Die gerupften, abgesengten, ausgenommenen, gewürzten und bardierten Wachteln werden mit den Wacholderbeeren in Butter rosé gebraten. Der Speck wird in den letzten 5 Minuten abgenommen, damit die Brust Farbe bekommt. Das Fett abgießen. Brüste und Schenkel in Scheiben schneiden. Die Fleischstücke werden im Geflügelfond gargekocht.
Die gargekochten Artischockenböden schneidet man in 8 Stücke.
Die gewürzten Gänseleberscheiben werden ohne Fett in einer heißen Pfanne rosa gebraten.
Wachtelfleisch, Gänseleber, Pilze, Weintrauben und Walnüsse werden mit der Vinaigrette gemischt.
Nach Geschmack würzen, hübsch anrichten und mit dem Kerbelkraut garnieren.

Vorspeisen

Gänselebersalat mit Pilzen
Salade de foie gras moderne

Zutaten für 4 Personen

- 160 g rohe Gänseleber
- 150 g kleine Pfifferlinge (Eierschwämme)
- 100 g kleine Champignons
- 0,2 dl Olivenöl
- Vinaigrette
- 20 g Brunnenkresse
- 12 frische Salatblätter
- 80 g zarte grüne Bohnen, blanchiert
- Salz und frischgemahlener Pfeffer

Vinaigrette
- 10 g Schalotte, feingehackt
- 0,5 dl Rotweinessig
- 1 dl Walnußöl
- 1 g Knoblauch, gehackt
- etwas Zitronensaft
- Salz und Pfeffer

Mit einem scharfen Messer wird die Gänseleber präpariert (siehe Seite 91) und in Würfel von ungefähr 1½ cm Seitenlänge geschnitten. Ohne Fett in einer heißen Pfanne rasch anbraten.
Die Pilze werden im Olivenöl einige Minuten lang gedünstet.
Die noch warme Gänseleber mit Pilzen, Brunnenkresse und der Vinaigrette mischen. Nach Geschmack würzen.
Die Salatblätter und die gut blanchierten Bohnen werden sorgfältig auf dem Teller arrangiert und mit etwas Vinaigrette besprenkelt. Darauf ordnet man Gänseleber, Pilze und Brunnenkresse an.
Die Vinaigrette bereitet man folgendermaßen zu:
Der Rotweinessig wird mit der Schalotte auf die Hälfte eingekocht. Nach dem Abkühlen mischt man allmählich das Walnußöl hinein und fügt den Knoblauch hinzu. Mit Zitronensaft, Salz und Pfeffer würzen.
Es ist wichtig, daß Gänseleber und Pilze in der letzten Minute gebraten werden, denn sie sollen warm auf den Tisch kommen.

Vorspeisen

Austernsalat mit Blattspinat à la Catherine
Salade aux huîtres Catherine

Zutaten für 4 Personen

24	mittelgroße Austern
0,5 dl	trockener Weißwein
2 g	feingehackte Schalotte
2	mittelgroße Zucchetti
2	mittelgroße Karotten
	eine Prise Zucker
80 g	junger Spinat, blanchiert
	Salz und frischgemahlener Pfeffer
	Vinaigrette
	feingehackter Schnittlauch

Man putzt die Austern unter fließendem Wasser, öffnet sie, nimmt sie mit einem Messer aus der Schale und entfernt den Bart.
Man kocht den Weißwein um die Hälfte ein und gibt die Austern dazu. Schnell aufkochen lassen, die Austern auf Eis stellen und im Fond abkühlen lassen. Die Austern auf einen Teller legen, den Fond nochmals einkochen.
Die Zucchetti werden mit einem Apfelstecher ausgehöhlt, schnell in Salzwasser aufgekocht und zum Abkühlen weggestellt.
Die Karotten kocht man in Salzwasser mit einer Prise Zucker knackig und läßt sie im Fond abkühlen.
Die Zucchetti werden mit den zurechtgeschnittenen Karotten gefüllt und dann in Scheiben geschnitten.
Den blanchierten Blattspinat auf dem Teller anrichten, die mit Vinaigrette besprenkelten Austern darauf arrangieren und mit Schnittlauch bestreuen. Mit den Zucchetti garnieren.
Die Vinaigrette wird folgendermaßen zubereitet:
Unter fortwährendem Rühren mischt man 2 g Dijon-Senf, 0,5 dl Kirschessig, 1 dl Olivenöl, die eingekochte (abgekühlte) Austernbrühe und würzt nach Geschmack mit Salz und frischgemahlenem Pfeffer.
Wichtig ist, daß Zucchetti und Karotten im eigenen Blanchierwasser abkühlen, und daß die Austern nur gerade zum Kochen gebracht werden, da sie sonst ihr Aroma verlieren.

Vorspeisen

Avocadosalat mit Tomaten
Salade d'avocats

Zutaten für 4 Personen

- 4   Avocadohälften, in dünne Scheiben geschnitten
- 150 g   geschälte, in Würfel geschnittene Tomaten
- 200 g   rohe Champignons, in dünne Scheiben geschnitten
- 150 g   grüner Salat (Kopfsalat, Frisée)
-     Salz, Zitronensaft, feingehackte Kräuter
-     Vinaigrette

Avocadoscheiben, Tomatenwürfel, Pilze und Salat werden nach Geschmack gewürzt und auf dem Teller hübsch arrangiert. Dazu reicht man die folgende Vinaigrette:
Man mischt 20 g Dijon-Senf, 0,5 dl Rotweinessig, 1,5 dl Walnußöl, Salz, Zitronensaft und feingehackte Kräuter (nach Saison, doch am besten eignen sich Basilikum, Kerbel und Schnittlauch).

Vorspeisen

Marinierter Salm
Saumon d´Ecosse mariné

Marinierter Salm ist eine skandinavische Erfindung. Ich hatte Gelegenheit, in Stockholm im Grand Hotel zu arbeiten, und dort lernte ich dieses Verfahren, frischen Salm zu konservieren, ohne ihn zu räuchern, kennen.

Zutaten

1,5 kg	Salm (1 ganzer Salm)
40 g	Salz
25 g	Zucker
	sehr viel Dill
0,4 dl	Öl
	zerstoßene Pfefferkörner

Der ausgenommene Salm wird entgrätet und vorsichtig filetiert. In einer geeigneten Schüssel wird er mit den übrigen gemischten Zutaten bedeckt und zugedeckt im Kühlschrank aufbewahrt. Man läßt ihn 24 Stunden lang marinieren, wobei er ab und zu mit der Flüssigkeit befeuchtet wird, die sich bildet.
Bevor man ihn wie Räucherlachs aufschneidet, entfernt man den Dill, der als Garnitur verwendet werden kann.

Anmerkung
Zu kombinieren mit Verlorenen Eiern. (Rezept Seite 118)

Geräucherter Lachs mit Forellenmousse à la Dorchester
Rosette de saumon fumé à la mousse de truite Dorchester

Zutaten für 4 Personen

8	dünngeschnittene Räucherlachsscheiben
120 g	geräucherte Forellenfilets
2	Blatt Gelatine, in kaltem Wasser eingeweicht und in 0,2 dl warmem Wasser aufgelöst
2 dl	Schlagrahm
0,2 dl	Sherry
0,1 dl	Cognac
	feingeriebener frischer Meerrettich
	Salz und frischgemahlener Pfeffer

Garnitur

4	Kopfsalatblätter
4	rote Brüsselerblätter
4	halbe Gurkenscheiben
4	hartgekochte Eierscheiben
4	Tomatenscheiben
4	Trüffelscheiben
4	Petersilienzweiglein

Die Räucherlachsscheiben — je zwei — werden in eine kleine Glasschale gelegt und in den Kühlschrank gestellt.
Die Forellenfilets werden püriert und mit der aufgelösten Gelatine vermischt. Man zieht den Schlagrahm sorgfältig darunter, fügt Sherry und Cognac hinzu und würzt die Paste nach Geschmack mit feingeriebenem Meerrettich, Salz und Pfeffer.
Man füllt diese Crème in die Glasschalen und faltet die Lachsstreifen darüber. Die Glasschalen bleiben eine halbe Stunde im Kühlschrank. Dann stürzt man sie auf einen Teller, der mit den roten und grünen Salatblättern ausgelegt ist. Die Teller werden zum Schluß einzeln garniert.

Anmerkung
Man kann die Räucherforelle durch geräucherten Lachs ersetzen.
Zu dieser Vorspeise reicht man Schwarzbrot.

Vorspeisen

Rohe Seewolfscheiben mit Hummereiern
Loup de mer cru aux œufs de homard

Zutaten für 4 Personen

1   frischer Seewolf (750 bis 850 g)
0,6 dl kaltgepreßtes Olivenöl (erste Pressung)
       Salz und frischgemahlener Pfeffer
       Hummerrogen
       feinzerpflückte Kerbelblätter

Man nimmt den Seewolf sorgfältig aus, ohne ihn zu waschen und zu entschuppen. Filets herausschneiden und alle Gräten entfernen. Die Filets werden leicht mit Olivenöl bestrichen und für eine Stunde zum Zartwerden in den Kühlschrank gestellt. Dann schneidet man sie in ganz dünne Streifen, die auf einem Teller hübsch arrangiert werden. Mit Olivenöl bepinseln und mit Salz und Pfeffer würzen.
Die Hummereier werden in Salzwasser im Wasserbad kurz gekocht und nach dem Abtrocknen mit dem Kerbel auf dem Fisch angeordnet.

Anmerkung
Als Beilage eignet sich frisch geröstetes Pariserbrot, warm serviert. Die Bekanntschaft mit roh servierten Fischen machte ich in Japan, wo ich als Küchenchef tätig war. Es ist äußerst wichtig, daß nur absolut frische Ware verwendet wird.

Geräucherter Lachs mit Forellenmousse à la Dorchester
Rosette de saumon fumé à la mousse de truite Dorchester

Rezept Seite 83

Terrine Covent Garden (Gemüseterrine)
Terrine Covent Garden

Rezept Seite 87

… Vorspeisen

Terrine Covent Garden (Gemüseterrine)
Terrine Covent Garden

Zutaten für 10 Personen

- 2 Artischocken
- 20 g Kalbsnierenfett
- 40 g Zuckererbsen (4 Sek. blanchiert)
- 80 g zarte grüne Bohnen, schnell blanchiert
- 400 g Broccoli, geputzt und schnell blanchiert
- 350 g kleine Karotten, geschält, blanchiert und der Länge nach geviertelt
- 200 g kleine Zucchetti, blanchiert und geschnitten (wie Karotten)
- 100 g kleine Pfifferlinge, geputzt und blanchiert
- 10 g Butter
- 75 g Brunnenkresse (ohne Stiele)

Garnitur
Tomatenviertel
Brunnenkresse

Die Artischockenböden werden im Rohzustand herausgeschnitten (siehe Seite 229) und sofort in Salzwasser mit etwas Zitronensaft und Olivenöl blanchiert. Dann kocht man sie in Salzwasser mit dem Kalbsnierenfett, aber sie müssen fest bleiben. Man läßt sie im eigenen Sud abkühlen und schneidet sie in Scheiben.
Die Hühnerfarce wird folgendermaßen hergestellt:
Man entfernt die Sehnen des Fleisches. Das Fleisch wird feingehackt und durch ein Sieb gedrückt. In einer Schüssel läßt man es auf Eis gut abkühlen. Vorsichtig wird der Rahm darunter gezogen, bis sich eine luftige Farce bildet. Die Brunnenkresse wird mit etwas Hühnerbrühe püriert und mit einem Drittel der Farce vermengt. Beide Farcen mit Salz und Pfeffer würzen.
Eine Terrinenform ausbuttern, Geflügelmousseline (Rezept Seite 49) mit dem Brunnenkressepüree vermischt auf den Boden der Terrine geben.
Dann Terrinenform abwechslungsweise mit einer Schicht vom vorgegarten Gemüse, sowie jeweils einer Schicht Pouletmousselinefarce füllen und glatt streichen.

Vorspeisen

Die Terrine im Bain-marie bei mittlerer Hitze im Ofen zugedeckt etwa 35 Min. pochieren.
Gut auskühlen lassen und in nicht zu dünne Scheiben schneiden. Die Tranchen auf die Tomaten-Vinaigrette (Rezept siehe unten) anrichten und gefällig mit Tomatenvierteln und Kresse ausgarnieren.
Je kontrastreicher das Gemüse geschichtet worden ist, desto hübscher sieht die aufgeschnittene Terrine aus.
Wichtig ist es, das Gemüse im eigenen Sud abkühlen zu lassen und dabei auf Eis zu stellen. Nur so kommt der Eigengeschmack zur Geltung. Selbstverständlich müssen alle Gemüsesorten knackig sein.

Tomaten-Vinaigrette

Zutaten für 10 Personen

- 2 dl stark eingekochter Geflügelfond
- 20 g Tomatenpüree
- 100 g reife Tomaten
- 0,5 dl Rotweinessig
- 0,5 dl Olivenöl
-   Salz und frischgemahlener Pfeffer
-   eine Prise Zucker und ein wenig Zitronensaft (freigestellt)

Hühnerbrühe und Tomatenpüree werden zusammengerührt, dann mit den feinpürierten Tomaten und dem Essig gemischt. Das Olivenöl fügt man ganz allmählich hinzu. Mit Salz und Pfeffer würzen, wenn erwünscht, auch mit Zucker und Zitronensaft.

Vorspeisen

Heringterrine mit Dill
Terrine de hareng à l'aneth

Zutaten für 10 Personen

250 g	Hecht
150 g	geräucherter Speck, ohne Schwarte, blanchiert
3 dl	Vollrahm
2 g	feingehackter Dill
	ein wenig Paprika, edelsüß
15	frischgekochte Krebsschwänze
150 g	Speckstreifen zum Bardieren
300 g	Heringsfilets
	Dill, Salz und Pfeffer

Der gutgeputzte Hecht wird gesalzen und mitsamt dem geräucherten Speck feingehackt, wenn nötig hernach durch ein Sieb gedrückt. Auf Eis stellen und den Rahm darunter ziehen. Die eine Hälfte der Farce mischt man mit dem gehackten Dill, die andere mit Paprika und den frischgekochten Krebsschwänzen.

Die Terrinenform wird mit Speckstreifen ausgelegt. Zuunterst füllt man Farce mit dem Dill und den Krebsschwänzen in 1 cm hoher Schicht ein. Darauf kommt eine Lage Heringsfilets, die mit Dill bedeckt wird, dann wieder eine Schicht Farce, die mit Dill bestreut wird. Es folgt die zweite Schicht der Heringsfilets, und den Abschluß bildet der Rest der Farce.

Die Terrine wird mit Speckstreifen bedeckt und im Ofen bei ungefähr 150 °C 30 Min. lang im Wasserbad gekocht.

Vorspeisen

Kalbsbries- (Milken-) und Geflügelterrine
Terrine de ris de veau et volaille

Zutaten für 10 Personen

280 g	Kalbsbries (Milken), sauber gewässert
20 g	fein gehackte Schalotten
2 g	Petersilienstengel
0,8 dl	Cognac
0,5 dl	Portwein
40 g	Butter
70 g	Schweinefleisch
70 g	Kalbfleisch gut pariert
135 g	Hühnerfleisch
120 g	Gänseleber
4 dl	Rahm
130 g	gesalzener Speck
25 g	Pistazien
15 g	Fleischextrakt
	Thymian, Lorbeerblatt
	Salz, Pfeffer aus der Mühle

Zubereitung

Kalbsbries wird pariert und halbiert. In Portwein, Cognac, Schalotten, Thymian und Lorbeerblatt marinieren, sodann in Butter sautieren und leicht Farbe annehmen lassen. Marinade beigeben und 5 Min. dünsten. Das Kalbsbries herausnehmen, Fond zur Glace reduzieren.

Kalbfleisch, Schweinefleisch, Hühnerfleisch und die Gänseleber werden durch den Wolf passiert, der Rahm, Pistazien sowie der Extrakt beigegeben und gut abgeschmeckt.

Terrinenform mit Speck auslegen und zur Hälfte mit der Farce füllen. Kalbsbries eindrücken und mit der restlichen Farce auffüllen. Sodann mit Speck bedecken und Thymianzweige obenauf legen.

Zugedeckt im Wasserbad im Ofen bei 150 °C etwa 35 Minuten pochieren.

Vorspeisen

Entenleberterrine
Terrine de foie de canard

Zutaten für 10 Personen

- 3 rohe Entenlebern (je 400 g)
- 5 dl Milch
- 10 g Salz
- 3,5 g Gewürzmischung (siehe Seite 92)
- ein wenig Zucker
- 0,3 dl Portwein
- 0,3 dl Cognac
- 180 g ungesalzener Bardierspeck
- 1 Lorbeerblatt

Der größere Teil der Leber wird sorgfältig vom kleineren getrennt. Die Gallenblase schneidet man mit einem Messer heraus. Die dünne Haut der Leber wird abgezogen. Auch die Nerven müssen entfernt werden.
Die so präparierten Lebern werden 12 Stunden in gesalzener Milch (vollständig bedeckt) im Kühlschrank mariniert.
In einer Schüssel verrührt man Gewürzmischung, ein wenig Salz, Portwein und Cognac. Dahinein wird die Leber gelegt, mit Alufolie bedeckt und nochmals für 12 Stunden in den Kühlschrank gestellt. Während dieser Zeit muß sie öfters umgewendet werden.
Die Terrinenform wird mit Speckstreifen ausgekleidet. Die marinierte Leber wird sorgfältig in die Form gelegt, die kleineren Teile zuoberst. Löcher dürfen nicht entstehen; man streicht sie mit einem Suppenlöffel aus. Mit Speckstreifen bedecken und mit einem Lorbeerblatt krönen.
Die Pastete wird im Ofen im Wasserbad pochiert, aber man muß darauf achten, daß das Wasser nicht über 70 bis 75 °C steigt, weil die Leber sonst zuviel Fett verliert.
Die Terrine wird mitsamt Wasserbad aus dem Ofen genommen und soll im Wasserbad, von einem kleinen Gewicht beschwert, abkühlen. Die vollständig abgekühlte Terrine nimmt man aus der Form. Das Fett in der Form wird in ein Saucentöpfchen gegeben und geschmolzen. Dann kommt die Terrine wieder in die gründlich abgewaschene Form, wird mit dem Fett übergossen und in den Kühlschrank gestellt.

Vorspeisen

Gewürzmischung für Enten- und Gänseleberpastete
Mélange d'épices pour foie gras

Zutaten

- 35 g geriebene Muskatnuß
- 35 g Nelken
- 10 g Lorbeerblatt
- 20 g weißer Pfeffer
- 10 g schwarzer Pfeffer
- 20 g Zimt
- 5 g Kardamom
- 10 g Majoran
- 20 g Koriander
- 10 g Basilikum
- 30 g Muskatblüte
- 10 g Thymian
- 10 g Wacholderbeeren
- 5 g Currypulver
- 10 g Estragon
- 5 g Kerbel
- 5 g Rosmarin
- 2 g Cayennepfeffer
- 5 g Pfefferblätter
- 5 g Dill
- 3 g Fenchelsamen

Alle Bestandteile werden feingemahlen und gemischt. Für 1 kg Gänseleber verwendet man 5 g dieser Mischung.

Geflügelleberparfait mit Trüffeln
Parfait de foies de volaille aux truffes

Zutaten für 10 Personen

- 300 g Geflügelleber, davon 50 g Gänseleber
- Salz und frischgemahlener Pfeffer
- 200 g Butter
- 0,2 dl Trüffelsaft konservierter Trüffel
- 0,2 dl Sherry
- 0,1 dl Cognac
- 5 g gehackte Trüffel
- 1 dl Schlagrahm
- ein wenig Zucker

Die präparierte Leber wird, mit Salz und Pfeffer gewürzt, in heißer Butter ungefähr 15 Minuten lang sorgfältig gegart.

Die abgekühlte Leber wird mitsamt der Butter gehackt und dann durch ein Haarsieb gestrichen. Man stellt die Masse auf Eis und mischt sie mit Trüffelsaft, Sherry, Cognac und gehackter Trüffel. Mit einem Holzlöffel zieht man vorsichtig den Schlagrahm darunter. Beide Teile müssen dieselbe Temperatur haben. Mit Salz, Pfeffer und einer Prise Zucker würzen.

Wenn das Parfait ein wenig erhärtet ist, schneidet man mit einem Löffel Muschelformen heraus, die auf dem Teller geschmackvoll garniert werden.

Froschschenkel in Blätterteigpastete
Poésie de cuisses de grenouilles au Riesling

Zutaten für 4 Personen

24	Froschschenkel
5 g	feingehackte Schalotte
	ein wenig feingehackter Knoblauch
20 g	Butter
8	Safransamenkörner
1 dl	Weißwein (Riesling)
1,5 dl	weißer Kalbsfond
	Saft von ½ Zitrone
1 dl	Vollrahm
40 g	Butter (für die Sauce)
	ein wenig feingehackter Schnittlauch
	Salz und frischgemahlener Pfeffer
4	eckige Blätterteigpasteten 8x5 cm (Rezept Seite 54)
200 g	junger Spinat ohne Stiele, blanchiert
20 g	Butter (für den Spinat)

Die Froschschenkel werden mit Salz und Pfeffer gewürzt. Man dünstet Schalotte und Knoblauch in Butter und fügt die Froschschenkel mit dem Safran hinzu. Mit dem Weißwein ablöschen. Dann kommen Kalbsbrühe und Zitronensaft hinzu, und man läßt die Froschschenkel ziehen, bis sie gar sind. Sie müssen im eigenen Sud abkühlen.

Man entfernt das Fleisch von den Knochen, legt die Knochen wieder in den Sud, der weiter einkocht. Dann fügt man den Rahm hinzu und läßt einkochen, bis die Sauce die richtige Konsistenz hat. Sie wird mit Butter gebunden. Fleisch und Schnittlauch dazugeben und nach Geschmack mit Salz und Pfeffer würzen.

Die inzwischen gebackenen Blätterteigpasteten werden zur Hälfte mit dem in Butter gedünsteten und gutgewürzten Spinat gefüllt. Die obere Hälfte wird mit dem Froschschenkelragout gefüllt, und zum Schluß setzt man das Deckelchen auf.

Vorspeisen

Krebstorte mit Spinat
Tourte aux écrevisses

Zutaten für 4 Personen

250 g	Kuchenteig (Pâte brisée)
16	frische Flußkrebse
	Fischfond
250 g	junger Spinat, blanchiert
2,5 dl	Eierguß
1	Eiweiß
	Salz und frischgemahlener Pfeffer
0,3 dl	Schlagrahm
0,5 dl	Krebssauce (Rezept Seite 60)

Eierguß
3 Eier, etwas Maismehl (Maizena) und 1 dl Vollrahm werden im Wasserbad zusammen geschlagen. Mit Muskatnuß, Salz und frischgemahlenem Pfeffer würzen.
Der Kuchenteig wird ausgerollt und so aufs Backblech gelegt, daß die Ränder in die Höhe stehen. Man sticht mit der Gabel ein paarmal hinein und bewahrt ihn kühl auf, bis er gebraucht wird.
Die gutgewaschenen Krebse kommen in siedenden Fischfond, in dem man sie 2 Min. lang ziehen läßt. Dann nimmt man sie heraus, bricht sie auf und entfernt die Eingeweide.
Der grobgehackte blanchierte Spinat wird mit dem Eierguß und dem steifgeschlagenen Eiweiß vermengt. Diese Mischung kommt auf den Blätterteig, und zwar soll das Blech zu zwei Dritteln gefüllt sein.
Im vorgeheizten Ofen bei 180 bis 200 °C Hitze 20 bis 25 Min. lang backen.
Danach werden die warmen und gutgewürzten Krebsstücke darauf gelegt.
Man zieht den Schlagrahm unter die Krebssauce und gießt sie sparsam über die Torte. Kurz vor dem Auftragen wird die Krebstorte unter dem Grill leicht gebräunt.

Vorspeisen

Gänseleber mit Rotwein
Médaillons de foie gras au vin rouge

Dies ist einmal etwas anderes. Warum sollte Gänseleber immer kalt serviert werden? Wenn die Gänseleber frisch ist, lassen sich daraus köstliche Speisen machen.

Zutaten für 4 Personen

- 240 g rohe Gänseleber
- Salz und frischgemahlener Pfeffer
- 1 dl Rotwein
- 0,25 dl Rotweinessig
- 20 g gehackte Schalotte
- 1 dl Walnußöl
- 10 g feingehackter Schnittlauch
- ein wenig Zitronensaft

Die präparierte Gänseleber wird in 1 cm dicke Scheiben geschnitten, die man würzt und in einer heißen Pfanne ohne Fett auf beiden Seiten schnell brät. Man richtet sie auf einem gewärmten Teller an. Wichtig ist, daß sie beim Auftragen rötlich sind.
Die Leberschnitten werden mit einer besonderen Sauce übergossen:
Rotwein und Rotweinessig werden zusammen mit der gehackten Schalotte zur Häfte eingekocht. Man läßt die Flüssigkeit leicht abkühlen. Dann rührt man allmählich das Walnußöl hinein und fügt ein wenig Schnittlauch sowie Zitronensaft hinzu. Nach Geschmack mit Salz und Pfeffer würzen.

Vorspeisen

Hausgemachte Ravioli
Ravioli alla Casalinga

Bei dem Rezept für den Ravioliteig auf Seite 56 ist darauf zu achten, daß dieser nur für vier Personen berechnet ist.

Zutaten für die Füllung (für 10 Personen)

- 10 g feingehackte Schalotte
- 20 g Butter
- 150 g Kalbfleisch (Schenkel)
- 150 g in Würfel geschnittenes Schweinefleisch (Hals)
- 50 g Salami oder roher Schinken
- ein wenig Salbei, Rosmarin und Basilikum
- 50 g Tomaten, in Würfel geschnitten
- 1 dl brauner Kalbsfond
- 100 g Spinat, blanchiert
- 50 g Kalbshirn, gewässert und sauber geputzt
- 1 Eigelb
- 30 g frischgeriebener Parmesankäse
- 30 g Butter
- 5 kleine Salbeiblätter
- Salz und frischgemahlener Pfeffer

Sauce
- 3 g feingehackte Schalotte
- 20 g Butter
- 50 g Champignons, in Scheiben geschnitten
- 50 g Tomaten, in Würfel geschnitten
- 0,5 dl Weißwein
- 30 g brauner Kalbsfond
- Salz und frischgemahlener Pfeffer

Zum Gratinieren
- 50 g frischgeriebener Parmesankäse
- 50 g Butter
- 5 Salbeiblätter
- Salz und frischgemahlener Pfeffer

Vorspeisen

Die Füllung wird folgendermaßen zubreitet:
Man dünstet die Schalotte in Butter, fügt die gutgeputzten Fleischstückchen hinzu und dünstet sie mit, bevor man Salami oder rohen Schinken und die Kräuter dazugibt. Dann werden Tomaten und Weißwein dazugegeben, und man läßt einkochen. Mit Kalbsbrühe ablöschen und schmoren lassen, bis das Fleisch zart ist. Den Spinat sorgfältig hineinmischen. Das blanchierte Kalbshirn hinzufügen, mit dem Eigelb binden und die ganze Masse durch ein feines Sieb streichen. Nun wird der Parmesan hineingemischt. 30 g braune Butter, der man die halbierten Salbeiblätter beigefügt hat, ebenfalls passieren und daruntermischen. Mit Salz und Pfeffer würzen.
Der Teig wird in zwei gleiche Teile geteilt, die man einzeln dünn auswalkt. Der eine Teil wird aufs Backblech gelegt, mit einem runden Ausstecher markiert und mit Eigelb bestrichen. In jeden Kreis legt man ein wenig Füllung, etwa 2 bis 3 cm hoch. Dann legt man die andere Teighälfte darauf, drückt sie leicht an und schneidet mit dem Teigrädchen gleichmäßige Vierecke aus.
Die Ravioli werden in viel Salzwasser, dem man etwas Öl zusetzt, damit sie nicht aneinander kleben, fünf bis acht Minuten lang gekocht — sie schwimmen obenauf, wenn sie gar sind —, abgegossen, in Butter geschwenkt und gewürzt.
In eine feuerfeste Schüssel kommt zuerst etwas Sauce, dann gibt man die Ravioli dazu und übergießt sie mit der Sauce. Mit Parmesan bestreuen und unter dem Grill oder im heißen Ofen gratinieren. Butter wird zusammen mit Salbeiblättern erhitzt, bis sie braun ist und über die Ravioli gegossen. Sofort auftragen.
Die Sauce bereitet man folgendermaßen zu:
Schalotte wird in Butter gedünstet, dann fügt man die Champignons hinzu. Tomatenwürfel und Weißwein beigeben und einkochen lassen. Den Kalbsfond hinzufügen und nach Geschmack würzen.

Jakobsmuscheln mit Lauch
Coquilles St-Jacques galloises

Zutaten für 4 Personen

8	große Jakobsmuscheln mit Schale (ungefähr 240 g netto)
200 g	grüner Lauch
0,5 dl	trockener Weißwein
0,25 dl	Wasser
1 dl	Vollrahm
20 g	Butter
4	frische Basilikumblätter
	Salz und frischgemahlener Pfeffer

Man öffnet die Muscheln mit einem starken Messer und erhitzt sie ein paar Minuten auf dem Feuer, damit sie sich vollständig öffnen. Muscheln und Rogen werden mit einem Suppenlöffel herausgenommen. Die Muscheln trennt man vorsichtig vom Rogen und wäscht sie gründlich. Dann schneidet man sie in Hälften und läßt sie auf einem Tuch trocknen.

Der Lauch wird in kleine Stücke geschnitten, gewaschen und im Weißwein mit Salz und Pfeffer gekocht. Man püriert ihn, bringt ihn mit dem Rahm zum Sieden und läßt einkochen. Mit Butter binden. Die trockenen Muscheln werden gewürzt und schnell in Butter gebraten, bis sie goldbraun sind.

Das Lauchpüree wird in die Muschelschalen gelegt, die Muscheln kommen obendrauf. Man beträufelt sie mit brauner Butter, der man im letzten Augenblick die Basilikumblätter beigefügt hat. Man garniert sie mit dem Rogen und einem Basilikumblatt. Hübsch sieht es aus, wenn man die Muschelschalen auf gefärbtem Meersalz anrichtet.

Vorspeisen

Jakobsmuschelnmousseline
Mousseline de coquilles St-Jacques

Zutaten für 4 Personen

- 6 Jakobsmuscheln mit Schale (ungefähr 180 g netto)
- 80 g Hecht ohne Haut
  Salz und frischgemahlener Pfeffer, ein wenig Cayennepfeffer
- 2,5 dl Vollrahm

Garnitur
- 20 g frisches Tomatenpüree
- 4 feingeschnittene Trüffelscheiben
- 4 Blätterteighalbmonde

Sauce
- 0,5 dl Noilly Prat
- 1 dl Fischfond
- 5 g feingehackte Schalotte
- 2 dl Vollrahm
- 60 g Butter (zum Binden)
  Salz und frischgemahlener Pfeffer

Fünf trockene Muscheln werden zusammen mit Rogen und Hecht feingehackt. In einer Schüssel auf Eis abkühlen, würzen und allmählich den Rahm darunterziehen. Die Mischung wird durch ein Haarsieb gestrichen, nochmals gewürzt und kaltgestellt. Die sechste Muschel schneidet man in Würfelchen, die gewürzt und auf die Crème gesetzt werden. Die Crème gibt man in Förmchen. Man pochiert sie ungefähr 15 Min. lang im Ofen im Wasserbad. Vor dem Anrichten läßt man sie 3 bis 4 Min. stehen, sonst läßt sie sich nicht gut von der Form lösen. Die Sauce, mit der sie bedeckt wird, bereitet man folgendermaßen zu:

Fischfond läßt man zusammen mit der feingehackten Schalotte einkochen. Man fügt den Rahm hinzu und läßt weiter einkochen, bis die gewünschte Konsistenz erreicht ist. Durch ein feines Sieb oder ein Tuch passieren, mit der Butter binden und mit Salz und Pfeffer würzen.

Man garniert dieses Gericht mit Tomatenpüree, Trüffelscheiben und Blätterteighalbmonden.

Vorspeisen

Garnelen Maître Gilgen
Scampi Maître Gilgen

Meister Gilgen, ein wahrer Könner, war jahrelang Küchenchef im Kulm-Hotel in St. Moritz. Ich hatte das Vergnügen, während drei Wintern unter seiner Leitung zu arbeiten. Die Feinschmecker unter den Gästen bevorzugten diese von ihm geschaffene Vorspeise.

Zutaten für 4 Personen

- 24 Garnelen (320 g ohne Schale)
- Salz und frischgemahlener Pfeffer
- 30 g Butter
- feingehackte frische Kräuter: Estragon, Dill und Petersilie
- 2 dl Weißwein
- 2 dl Holländische Sauce
- 0,5 dl Schlagrahm
- 1 dl Joghurt (ohne Zusatz)
- 5 g frischgeriebener Meerrettich
- 2 Kopfsalatherzen, in Streifen geschnitten
- ein wenig Zitronensaft
- 4 Toastscheiben

Die gewürzten Garnelen werden in Butter gedünstet. Man fügt die Kräuter hinzu und löscht mit Weißwein ab. Aufkochen, zudecken und 15 Sek. ziehen lassen. Dann nimmt man die Garnelen heraus und kocht den Sud ein. Man fügt der abgekühlten Brühe die Holländische Sauce und den Schlagrahm bei und würzt.
Der Joghurt wird mit den Salatstreifen, dem Meerrettich und dem Zitronensaft vermischt. Nach Geschmack würzen. Diese Mischung gießt man über die heißen Toastscheiben und legt darauf die Garnelen.
Mit der Sauce bedecken und unter dem Grill glasieren.

Anmerkung
Damit der Toast knusprig bleibt, ist es ratsam, diese Vorspeise in letzter Minute zuzubereiten.

Vorspeisen

Austern mit Champagner und Kaviar
Huîtres moscovites au Champagne

Zutaten für 4 Personen

24	Austern
2 dl	Champagner
3 dl	Vollrahm
1	Eigelb
	Salz und frischgemahlener Pfeffer sowie Cayennepfeffer
20 g	Kaviar

Man öffnet die Austern, nimmt das Fleisch heraus und entfernt den Bart. (Die Flüssigkeit nicht weggießen.)
Die Austern werden im Champagner und im Austernsaft kurz pochiert. Man nimmt sie heraus und legt sie auf die gewärmten Schalen.
Man kocht den Sud ein, fügt den Rahm hinzu und läßt bis zur gewünschten Konsistenz einkochen.
Vom Feuer nehmen und das Eigelb in die Sauce rühren. Mit Salz und Pfeffer würzen.
Die Austern werden mit der Sauce übergossen und im Ofen gegrillt. Den Kaviar obendrauf setzen und sofort auftragen.

Anmerkung
Es macht sich hübsch, wenn man die Austern auf einer Platte mit grobem Meersalz anrichtet.

Muschelsuppe Billy Bye
Billy Bye Soupe

Rezept Seite 114

Gefüllte Steinbuttschnitten mit Krebsen
Tronçon de turbot soufflé aux écrevisses

Rezept Seite 135

Suppen

Kalte Gemüsesuppe
Potage de légumes froid

Zutaten für 4 Personen

- 200 g geschälte, grobgehackte Tomaten
- 100 g geschälte, in Stückchen geschnittene Gurke
- 30 g feingehackte Zwiebel
- 30 g grobgehackte rote und grüne Paprikaschoten (Peperoni)
- etwas feingehackter Knoblauch
- 15 g Weißbrotbrösel
- 0,2 dl roter Weinessig
- 0,5 dl Geflügelfond ohne Fett
- 0,4 dl Olivenöl
- 6 Basilikumblätter und etwas Oregano
- 0,5 dl Rahm
- Salz und frischgemahlener Pfeffer

Tomaten, Gurke, Zwiebel, Paprikaschoten, Knoblauch und Brösel werden gemischt.
Man fügt Essig, Geflügelfond, Olivenöl, Oregano und 3 Basilikumblätter hinzu und würzt mit Salz und Pfeffer. Zwölf Stunden marinieren lassen.
Dann kommt alles in den Mixer, wird püriert und durch ein Sieb gestrichen. Rahm dazugeben und nachwürzen. Als letztes kommen die übrigen 3 Basilikumblätter hinzu, die in dünne Streifen geschnitten werden.
Kaltstellen. Es ist wichtig, daß diese Suppe ganz kalt serviert wird, wenn möglich auf Eis.

Suppen

Klare Wachtelsuppe mit weichgekochten Wachteleiern
Elixir de cailles aux œufs

Diese Suppe war einer der größten Erfolge auf der Weltausstellung 1970 in Osaka, wo ich als Küchenchef tätig war.

Zutaten für 4 Personen

400 g	Wachtelknochen, Magen und Haut
½	Kalbsfuß
0,3 dl	Erdnußöl
1,5 l	Wasser
	Salz
40 g	Zwiebel, ungeschält
1	Knoblauchzehe
½	Lorbeerblatt
20 g	Karotte
40 g	Lauch
40 g	Stangensellerie

Zur Klärung

200 g	rohes Wachtel- und Geflügelfleisch, grobgehackt
2	Eiweiß
50 g	grobgeschnittene Tomaten
50 g	Selleriestangen
5 g	Petersilienstengel
	ein paar Estragonstengel
1 dl	trockener Weißwein
	Salz und frischgemahlener Pfeffer

Garnitur

10 g	Stangensellerie	
10 g	Lauch	in feine Streifchen geschnitten (Julienne)
10 g	Karotte	
4	weichgekochte, sorgsam geschälte Wachteleier	
	etwas Brunnenkresse ohne Stiel	

Man brät Wachtelknochen, Magen, Haut und Kalbsfuß sorgfältig in Erdnußöl. Alles mit Ausnahme des Fettes in einen Topf geben und mit dem Wasser auffüllen. Zum Sieden bringen, abschäumen und 45 Minuten lang ziehen lassen.

Die mit Knoblauch und Lorbeerblatt gespickte Zwiebel wird auf der Herdplatte gebräunt und der Brühe zugesetzt, die man dann mit Karotte, Lauch und Sellerie nochmals 30 Minuten lang sieden läßt.

Durch ein Sieb streichen und abkühlen lassen.

Beim Klären der Suppe geht man folgendermaßen vor:

Man mischt das Wachtel- und Geflügelfleisch mit 2 Eiweiß, Tomate, Sellerie sowie Petersilien- und Estragonstengeln. Brühe und Weißwein zugießen. Unter fortwährendem Rühren aufkochen und dann 20 Minuten lang ziehen lassen. Mit Salz und Pfeffer würzen.

Dann wird die Suppe durch ein feines Sieb passiert und das Fett entfernt.

Die Bouillon verteilt man in 4 Tassen und garniert sie mit der feingeschnittenen Julienne, mit dem Wachtelei und der Brunnenkresse.

Diese einfache, konzentrierte, klare Suppe haben wir mit Blätterteig zugedeckt und dann im Ofen goldbraun gebacken. Wenn man diese Suppe mit Blätterteig zudeckt, hat man darauf zu achten, daß die Wachteleier, obwohl sie im Ofen während 12 bis 13 Minuten gebacken werden, noch weich sind. Also nur ganz kurz sieden und dann vorsichtig schälen.

Fleischbrühe mit Leberknödeln
Potage aux quenelles de foie

Zutaten für 4 Personen

- 50 g geputzte Kalbsleber
- 50 g geputzte Rindsleber
- 2 Brötchen
- 1 dl Milch zum Einweichen der Brötchen
- 20 g feingehackte, in Butter gebratene Zwiebel
- 60 g Kalbsnierenfett, gehackt und mit ein wenig Mehl vermischt
- 1 Ei
- Salz und frischgemahlener Pfeffer
- etwas Majoran, Rosmarin und Salbei
- eine Prise Zucker
- 8 dl Fleischbrühe
- 8 Markscheiben, blanchiert
- ein wenig grobgehackte Petersilie

Man hackt Leber, eingeweichte Brötchen, Zwiebel und Kalbsnierenfett, aber nicht zu fein. Alles wird in einer Schüssel auf Eis gemischt. Man arbeitet das Ei hinein und würzt die Masse.

Mit einem Löffel formt man kleine Klöße, die in der Fleischbrühe drei bis vier Minuten pochiert werden. Die Leberklösse werden in der gutgewürzten Bouillon aufgetragen. Mit Markscheiben und Petersilie garnieren..

Suppen

Schottische Gerstensuppe mit Lammfleisch
Scotch broth

Zutaten für 4 Personen

- 20 g feingehackte Zwiebel
- 20 g Butter
- 30 g Karotte, in Scheiben geschnitten
- 30 g Lauch
- 20 g Sellerie | in kleine Würfel geschnitten
- 20 g Kohl
- 30 g Gerste
- 1 l   Lammfond
- 50 g gekochtes Lammfleisch, in Würfel geschnitten
-       Salz und Pfeffer
-       gehackte Petersilie

Die Zwiebel wird in Butter gedünstet. Man fügt Karotte, Lauch und Sellerie bei, läßt weiterdünsten und gibt dann den Kohl und die gründlich gewaschene Gerste dazu. Mit Lammbrühe ablöschen und zum Kochen bringen. Kurz vor dem Anrichten kommt das gekochte Lammfleisch in die Suppe. Mit Salz und Pfeffer würzen.

Suppen

Pfifferlingsuppe mit Thymian
Potage aux chanterelles

Zutaten für 4 Personen

- 5 g   feingehackte Schalotte
- 1 g   feingehackter Knoblauch
- 0,2 dl Olivenöl
- 300 g geputzte Pfifferlinge (Eierschwämme)
- 5 dl Gemüsefond
- 2 dl Vollrahm
-       Salz und frischgemahlener Pfeffer
-       Muskatnuß
-       ein wenig Zitronensaft
-       Thymianblätter zum Garnieren

Schalotte und Knoblauch werden in Olivenöl angedünstet. Die feingehackten Pfifferlinge fügt man hinzu.
Mit Gemüsebrühe ablöschen und 3 bis 4 Minuten lang sieden lassen.
Die Suppe wird püriert, nochmals aufgekocht und mit Rahm gebunden.
Mit Salz, Pfeffer, Muskatnuß und Zitronensaft abschmecken.
Kurz vor dem Auftragen garniert man die Suppe mit Thymianblättern.

Anmerkung
Für diese sehr delikate Suppe kann man auch kleine Pfifferlinge als Einlage verwenden.

Lauchsuppe mit Weißwein
Potage Pigalle

Zutaten für 4 Personen

200 g	feingehackte Zwiebel
200 g	feingehackter Lauch
40 g	Butter
1 dl	Weißwein
1 dl	brauner Kalbsfond
6 dl	Bouillon
	Salz und frischgemahlener Pfeffer
	etwas grobgehackte Petersilie

Zwiebel und Lauch werden in Butter gedünstet, bis sie Goldfarbe haben. Mit Weißwein und Kalbsfond auffüllen und ein wenig einkochen lassen. Dann kommt die Bouillon dazu, dann die Suppe 8 bis 10 Minuten sieden lassen.
Mit Salz und Pfeffer würzen und vor dem Auftragen mit Petersilie garnieren.

Suppen

Schneckensuppe mit Noilly Prat
Potage aux escargots

Zutaten

24	frische Weinbergschnecken	
3 dl	Bouillon, eingekocht	
20 g	Lauch	
20 g	Sellerie	in Streifen geschnitten (Julienne)
20 g	Karotte	
10 g	Butter	
5 dl	weißer Kalbsfond	
2 dl	Vollrahm	
1	Eigelb	
2 dl	Noilly Prat	
	Salz und frischgemahlener Pfeffer	
	ein paar feingehackte Fenchelblätter	

Die gekochten Schnecken (siehe nächstes Rezept) werden in der kräftigen Fleischbrühe mariniert. Man dünstet Lauch, Sellerie und Karotte in Butter und fügt die Schnecken hinzu. Mit der Bouillon ablöschen und einkochen lassen. Dann wird der Kalbsfond zugegossen, und man läßt alles 5 Minuten lang sieden.
Rahm, Eigelb und Noilly Prat werden zusammen geschlagen und der Suppe beigefügt. Zum Kochen bringen, dann mit Salz und Pfeffer abschmecken. Die Suppe wird mit den feingehackten Fenchelblättern vor dem Servieren garniert.

Suppen

Zubereitung der Schnecken
Préparation des escargots

Zutaten (60 Schnecken)

60	Weinbergschnecken	
50 g	feingehackte Zwiebel	
30 g	Karotte	
50 g	weißer Lauch	in Würfel geschnitten
30 g	Stangensellerie	
40 g	Butter	
	etwas Thymian, Rosmarin, Basilikum	
	ein wenig Knoblauch	
1 dl	trockener Weißwein	
1 l	Geflügelfond	
1	kleiner Kalbsfuß, in Stücke geschnitten	
	Salz und frischgemahlener Pfeffer	

Man verwendet nur verschlossene Schnecken. Das Verschlußfleckchen aus Kalk mit der Spitze eines Messers entfernen. Man wäscht die Schnecken mehrmals und läßt sie in stark gesalzenem Wasser 2½ Stunden abschäumen.
Dann werden sie in kaltem Wasser aufgesetzt, das man zum Kochen bringt und sofort abgießt. Mit einer Nadel holt man die Schnecken aus dem Häuschen und entfernt das schwarze Ende.
Zwiebel, Karotte, Lauch und Sellerie werden in Butter gedünstet. Kräuter und Knoblauch hinzufügen.
Man löscht mit Weißwein ab, den man einkochen läßt, bevor die Geflügelbrühe hinzukommt.
Die Schnecken und der Kalbsfuß werden beigegeben, und alles läßt man etwa 3 Stunden lang sachte kochen. Mit Salz und Pfeffer würzen.
Man läßt die Schnecken in diesem Sud, bis sie verwendet werden.

Suppen

Muschelsuppe Billy Bye
Billy Bye Soupe

Zutaten für 4 Personen

1 kg	Miesmuscheln
10 g	feingehackte Schalotte
20 g	feingehackte Zwiebel
	ein paar Zweige Petersilie und Dill
¼	Lorbeerblatt
1 dl	trockener Weißwein
50 g	Stangensellerie und Karotte, in Julienne-Streifen geschnitten
20 g	Butter
5 dl	Fischfond
2 dl	Vollrahm
1	Eigelb, gemischt mit etwas Rahm
	ein wenig Currypulver
	Salz und frischgemahlener Pfeffer
4	Trüffelscheiben, in Streifchen geschnitten
	etwas zerpflückten Kerbel

Die gesäuberten und gewaschenen Muscheln werden zusammen mit Schalotte, Zwiebel und Weißwein in einem zugedeckten Topf zum Sieden gebracht; fünf Minuten ziehen lassen. Dann die Muscheln aus der Schale lösen und den Bart entfernen. Den Sud durch ein Sieb passieren.

Gemüse-Julienne in Butter dünsten, mit Fisch- und Muschelfond auffüllen und einkochen lassen. Den Rahm hinzufügen.

Die Muscheln in die Suppe geben, den Topf vom Feuer nehmen und mit der Eigelb-Rahm-Mischung binden. Die Suppe wird mit Salz und Currypulver oder mit frischgemahlenem Pfeffer abgeschmeckt. Mit Trüffelstreifen und zerpflücktem Kerbel garnieren.

Meerfischsuppe mit Kerbel
Soupe de poisson de mer

Zutaten für 4 Personen

1	Seezunge (etwa 350 g)
1	kleiner Seewolf (etwa 300 g)
2	Rotbarben
4	Garnelen in der Schale
4 dl	gutgewürzten Fischfond
20 g	Lauch ⎫
20 g	Sellerie ⎬ in Streifen geschnitten
20 g	Karotte ⎭
3 dl	Muschelfond, fein passiert
1 dl	Weißwein
8	frischgekochte Muscheln (ohne Bart)
	Salz und frischgemahlener Pfeffer
	ein wenig Kerbel
30 g	Tomaten, in Würfel geschnitten

Die enthäutete und von den Flossen befreite Seezunge schneidet man in dicke Streifen. Seewolf und Barben werden entschuppt, von den Flossen befreit und ebenfalls in dicke Streifen geschnitten. Die Garnelen bricht man auf. Gräten und Garnelenschalen für die Fischbrühe verwenden. Lauch, Sellerie und Karotte kocht man in Salzwasser knackig und läßt sie darin auf Eis abkühlen.
Im Suppentopf bringt man Fisch- und Muschelbrühe mit dem Weißwein zum Kochen, gibt dann Fischstücke, Garnelen und Muscheln hinein und läßt die Suppe, die nicht mehr sieden darf, höchstens 4 Minuten ziehen. Das Gemüse hinzufügen, mit Salz und Pfeffer würzen.
Vor dem Auftragen fügt man den Kerbel und die Tomatenwürfel hinzu.

Anmerkung
Frischgebackenes, knuspriges Knoblauchbrot ist eine passende Beigabe zur Fischsuppe.

Suppen

Muschelsuppe mit Julienne-Gemüse à la Camille
Soupe de coquilles St-Jacques Maître Camille

Zutaten für 4 Personen

8	Jakobsmuscheln	
20 g	Karotte	
30 g	Lauch	in feine Streifen geschnitten
30 g	Fenchel	
20 g	Butter	
2 dl	Muschelfond	
2 dl	Fischfond	
	Salz und frischgemahlener Pfeffer	
2 dl	Vollrahm	
50 g	Butter (zum Binden)	
0,2 dl	Noilly Prat	
4	Trüffelscheiben	

Die Muscheln werden mit einem starken Messer aufgestemmt und für ein paar Minuten auf die heiße Herdplatte gelegt, damit sie sich vollständig öffnen.

Mit einem Suppenlöffel nimmt man die Muscheln und den Rogen aus der Schale, trennt beides sorgfältig voneinander und wäscht alles gründlich.

Die Gemüsestreifen werden gut in Butter gedünstet und dann der Muschel- und Fischbrühe beigefügt, die man 2 bis 3 Minuten kochen läßt. Nun gibt man die gewürzten Muscheln und den Rogen dazu und läßt 1 Minute lang weiterköcheln.

Man nimmt Muscheln und Julienne aus dem Topf und hält sie in vorgewärmten Suppenschälchen warm.

Die Brühe wird ein wenig eingekocht; dann kommen Rahm und weiche Butter dazu und zuletzt der Noilly Prat. Nach Geschmack würzen und auf die Suppenschalen verteilen.

Vor dem Auftragen garniert man mit den Trüffelscheiben.

Eierspeisen

In einem Menü gehören die Eierspeisen zu den kleinen Entrées. Im allgemeinen rechnet man zwei Eier pro Person. Eier müssen immer ganz frisch gegessen werden, aus geschmacklichen Gründen, wie aus ernährungshygienischer Notwendigkeit. Das gewöhnliche Hühnerei hat ein Durchschnittsgewicht von 56 g. Daneben gibt es Eier von 35 g, aber auch solche von 80 g. Bei der Verwendung in großer Anzahl kann dies zu Gewichtsdifferenzen führen, besonders bei genauen Rezepten für die Pâtisserie. Die meisten Konditoren rechnen deshalb mit Flüssigkeits- und Gewichtsmengen für ganze und getrennte Eier nach folgender Skala:

1 Liter = 23 bis 24 ganze Eier
1 Liter = 35   Eiweiß
1 Liter = 44   Eigelb

Das Ei enthält viele wertvolle Nährstoffe: Wasser, Eiweiß, Fett, Mineralsalze, Vitamin A, B und C. Als besonders wertvolle Substanz im Eigelb gilt das phosphorhaltige Lecitin. Der Nährstoffgehalt des ganzen Eis beträgt 6,5 g Eiweiß und 5 g Fett. Frische Eier sind hell, gleichmäßig durchschimmernd, ältere Eier sind bereits etwas trübe. Verdächtige Eier sind leicht gefleckt. Verdorbene Eier weisen dunkle Flecken auf.

Eierspeisen

Verlorene Eier mit mariniertem Salm
Œufs pochés au délice de saumon mariné

Zutaten für 4 Personen

- 12 dünne Scheiben marinierter Salm (Rezept Seite 82)
- 4 Eier
- 8 Kopfsalatherzen
- Essigwasser
- 0,1 dl Zitronensaft
- 0,2 dl Walnußöl
- Salz und frischgemahlener Pfeffer
- ein wenig Dill zum Garnieren

Sauce
- 1,5 dl saurer Rahm
- 20 g französischer Senf
- 0,3 dl Flüssigkeit von der Marinade, durchgeseiht
- Cayennepfeffer, Salz und frischgemahlener Pfeffer
- ein wenig zerzupfter Dill

Der marinierte Salm wird in ebenso dünne Scheiben wie Räucherlachs geschnitten.
Die Eier werden etwa 5 Min. sorgfältig pochiert. Verlorene Eier bereitet man folgendermaßen zu: Das kochende Wasser wird mit Essig und Salz gemischt. Ein Topf mit kaltem Wasser steht bereit. Ein Tassenkopf nimmt das sorgfältig geöffnete frische Ei auf, das man schnell aus der Tasse ins kochende Wasser gleiten läßt. In der anderen Hand hält man einen Schaumlöffel und verhindert damit, daß das Ei im Wasser verläuft. Man pochiert sie fünf Minuten lang sorgfältig. Mit dem Schaumlöffel nimmt man sie dann heraus, schreckt sie in kaltem Wasser ab, trimmt sie, damit sie sauber und gleichmäßig aussehen, und legt sie auf ein Tuch.
Die gewaschenen und getrockneten Kopfsalatherzen werden in einem Kreis auf dem Teller angerichtet und mit Zitronensaft, Öl, Salz und Pfeffer gewürzt.
Die verlorenen Eier kommen mitten auf den Salat und werden mit dem Lachs und dem Dill garniert. Die Sauce serviert man separat.

Wachteleier mit Lauch
Œufs de cailles aux poireaux

Zutaten für 4 Personen

- 12 frische Wachteleier
- 4 eckige Blätterteigpasteten
- 2 dl Holländische Sauce
- 100 g weißer und etwas grüner Lauch
- 10 g Butter
- 0,5 dl Geflügelfond
- 0,5 dl Noilly Prat
- 0,5 dl Vollrahm
- ein wenig gehackter Estragon
- Salz und frischgemahlener Pfeffer

Bevor man die Wachteleier in siedendes Wasser gibt und 2½ Min. kochen läßt, sticht man ein paarmal mit einer Nadel hinein. Danach werden sie sofort mit kaltem Wasser abgeschreckt und unter fließendem Wasser geschält.
Der sorgfältig gewaschene Lauch wird in Streifen geschnitten. Den trockenen Lauch läßt man ohne Zusatz von Flüssigkeit in einer ausgebutterten Kasserolle 8 Min. dünsten.
Geflügelfond und Noilly Prat werden zusammen um die Hälfte eingekocht. Dann fügt man den Rahm hinzu und läßt weiter bis zur gewünschten Konsistenz einkochen. Den Lauch beifügen und mit Estragon, Salz und Pfeffer abschmecken.
Hausgemachte Blätterteigpasteten werden auf butterbestrichenem Pergamentpapier im vorgewärmten Ofen bei etwa 250 °C 18 Min. gebacken. Den Deckel abschneiden und warmstellen. Die warmen Pasteten arrangiert man auf einer Platte und füllt sie mit der gutgewürzten Lauchcrème.
Die Wachteleier werden in Salzwasser gewärmt und obendrauf gelegt. Sorgfältig mit Holländischer Sauce bedecken. Den warmen Deckel aufsetzen und sofort servieren.

Eierspeisen

Weichgekochte Eier mit Kalbsbries und Champignons
Œufs mollets au ragoût fin

Diese Eierspeise stand auf der Speisekarte des berühmten Hotel Beverly Wilshire in Los Angeles, als wir dort im Frühjahr 1978 eine Woche mit Dorchester-Spezialitäten veranstalteten. Gerade die Eierspeise erfreute sich bei den Gästen großer Beliebtheit.

Zutaten für 4 Personen

- 4 frische Eier
- 150 g Kalbsfuß, gekocht und in Würfel geschnitten
- 60 g Kalbsbries (Milken), pochiert und zerpflückt
- 60 g Champignons, gedämpft und in Würfel geschnitten
- 2 g feingehackte Schalotte
- 1 dl Weißwein
- 1,5 dl Vollrahm
- Salz und frischgemahlener Pfeffer
- 1 dl Holländische Sauce
- 4 Trüffelscheiben

Die Eier werden 5 Min. lang gekocht, abgeschreckt und unter fließendem Wasser geschält.

Man dünstet Bries, Kalbsfuß und Champignons in der mit Schalotte zusammengerührten Butter, löscht mit dem Weißwein ab und läßt einkochen. Dann kommt der Rahm hinzu, und man läßt einkochen, bis die gewünschte Konsistenz erreicht ist. Mit Salz und Pfeffer würzen.

Die Eier werden in Salzwasser aufgewärmt, während man das Ragout auf Tellern anrichtet. Die Eier kommen obendrauf, sie werden mit Holländischer Sauce bedeckt und mit je einer Trüffelscheibe garniert. Sofort auftragen.

Eier im Förmchen mit Kaviar
Œufs en cocotte au caviar

Zutaten für 4 Personen

10 g	Butter
	Salz und frischgemahlener Pfeffer
4	Eier
1 dl	Vollrahm
40 g	Kaviar (möglichst Beluga)

Man buttert vier Förmchen aus und bestreut sie mit Salz und Pfeffer. In jedes Förmchen kommt ein Ei, das — zugedeckt — sorgsam im Wasserbad gekocht wird.
Der Kaviar wird mit dem gewärmten Rahm gemischt. Sparsam würzen und über die Eier gießen.

Anmerkung
Es ist wichtig, daß der Dotter leicht flüssig bleibt. Nur das harte Eiweiß sollte mit der Crème bedeckt werden, das Eigelb hingegen sichtbar sein.

Eierspeisen

Rühreier mit Froschschenkeln
Œufs brouillés aux cuisses de grenouilles

Zutaten für 4 Personen

- 10 g feingehackte Schalotte
- 20 g Butter
- 500 g kleine Froschschenkel
- Salz und frischgemahlener Pfeffer
- 1 dl Weißwein
- 0,5 dl Noilly Prat
- 1 dl weißer Kalbsfond
- 1,5 dl Vollrahm
- etwas Thymian
- Salz und Pfeffer aus der Mühle
- etwas feingehackte Petersilie

Rühreier
- 8 Eier
- 20 g Butter
- 0,3 dl Vollrahm
- Salz und frischgemahlener Pfeffer
- ein wenig abgeriebene Muskatnuß

Die feingehackte Schalotte wird in Butter gedünstet, dann läßt man die gutgewaschenen Froschschenkel mitbraten, ohne daß sie bräunen. Mit Weißwein ablöschen, Noilly Prat und Kalbsfond hinzufügen, auch den Thymian, und 5 bis 6 Min. sieden lassen.
Man nimmt die Froschschenkel heraus und löst das Fleisch aus.
Die Brühe läßt man ein wenig einkochen. Den Rahm zugießen und alles bis zur gewünschten Konsistenz einkochen lassen.
Nun kommt das Fleisch wieder in die Kasserolle, und man würzt mit Salz, Pfeffer und Petersilie. Warmstellen.
Die Eier werden mit der Gabel geschlagen, durch ein Haarsieb gestrichen und mit Salz und Pfeffer gewürzt.
In der Bratpfanne wird die Butter geschmolzen. Die geschlagenen Eier kommen hinein und werden über gelindem Feuer mit einem Holzlöffel gerührt, bis sie gebunden sind. Kurz bevor die Rühreier fertig sind, wird der Rahm hinzugefügt. Abschmecken und allenfalls nachwürzen.

Fischgerichte

Fische kennen wir in unzählig vielen Varianten. Sie leben (mit einigen Ausnahmen) wild. Je nach Gewässer und (leider auch nach Grad der Verschmutzung) entwickeln sie einen speziellen Charakter im Fleisch und im Geschmack. Dem Gastronom stellt sich also eine große Auswahl an Arten und Geschmacksnuancen. Fisch ist bekömmlich und leicht verdaulich. Was wir als Fleisch und natürlich auch als Fischfleisch konsumieren, sind Zellen und faserige Strukturen aus verschiedenen Sorten von Eiweißen, Wasser und Fett. Das Wasser ist teils im Zellinnern und teils in den Eiweißen enthalten, welche sich in einer Art Quellzustand befinden. Das Wasser ist in diesem Zustand gebunden und kann nicht auslaufen. Der Denaturierungsprozeß des Eiweißes ist für die kulinarische Qualität der Gerichte ausschlaggebend. Bei Temperaturen über 40 °C beginnen tierische Eiweiße zu koagulieren, zu gerinnen. Bei etwa 50 °C sind 40 % bis 50 % der Eiweiße geronnen, bei 60 °C rund 70 %. Bei 70 °C rund 90 % und bei 80 °C praktisch 100 %. Die Eiweiße verändern dabei ihre Struktur und verlieren die Fähigkeit, zu quellen und Wasser zu binden. Die Zellen werden undicht und verlieren ihre Zellflüssigkeit, d. h. der Fleisch- bzw. Fischsaft läuft aus und Beefsteak wie Fisch sind unrettbar trocken geworden. Da der Saft außerdem Geschmacksträger ist, hat saftloses Fleisch sein Aroma verloren. Wenn man nun bei den verschiedenen Fischzubereitungsarten daran denkt und dafür sorgt, daß die Temperatur des Fleisches 55 °C nicht übersteigen darf, so wird man nie mehr trockenen Fisch servieren. Fischeiweiß wird durch kein Bindemittel geschützt. Das bedeutet, daß es leicht durch Wasser ausgeschwemmt werden kann. Deshalb Fisch niemals wässern oder in Wasser aufbewahren, sondern auf Eis oder mit Eis bedeckt lagern. Durch Oxydation des Eiweißes mit dem Luftsauerstoff verderben die Fische, darum sollten Fische niemals filetiert liegen bleiben. Die Filets werden erst kurz vor der Zubereitung ausgelöst. Frische Fische haben klare Augen und rote Kiemen. Das Fleisch ist beim Anfassen straff und löst sich nicht von selbst von den Gräten. Die Schuppen sitzen fest auf der Haut. Der Geruch der geöffneten Kiemen soll frisch sein. Kurz vor und kurz nach der Laichzeit (Schonzeit) sind die Fische im allgemeinen weniger schmackhaft und sollten nicht verwendet werden.

Fischgerichte

124

Fischfleisch hat im allgemeinen keine intensiven Geschmacksqualitäten, sondern diese sind fein abgestuft, jedoch für viele Arten typisch — Hecht, Forelle, Salm, usw. Aber es ist ja eine Maxime der guten Küche, dem Nahrungsmittel seinen eigenen typischen Geschmack zu erhalten und diesen höchstens noch durch geeignete Kombinationen von Aromastoffen zu unterstützen oder durch Gegenüberstellung mit gewissen Beilagen und Saucen zur Geltung zu bringen. An der Zubereitung von Fisch ist am deutlichsten die Veränderung unserer Kochgewohnheiten festzustellen, nicht mehr «zerkocht», sondern auf den Punkt genau gegart, pochiert oder gebraten usw.

Bevorzugt in guten Küchen und folglich auch bei Gourmets, werden vor allem Mittelmeerfische wie der Loup de Mer (Seewolf), der Rouget (Seebarbe) und der Steinbutt. Dieser wird seiner Schönheit wegen der «Fasan des Meeres» genannt.

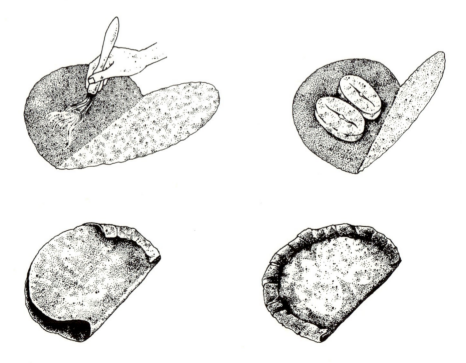

Fischgerichte

Salmsteak «en papillote»
Steak de saumon en papillote

Zutaten für 4 Personen

750 g	filetierter Salm ohne Haut
	Salz und frischgemahlener weißer Pfeffer
50 g	Butter
40 g	Zwiebel ⎫
50 g	Karotte ⎬ in dünne Scheiben geschnitten
60 g	Lauch ⎭
100 g	rohe Champignons
0,1 dl	Walnußöl
12	Estragonblätter
80 g	Butter
0,4 dl	trockener Weißwein
0,4 dl	Fischfond

Man entfernt sorgsam die Gräten und zerteilt das Salmstück in 4 Schnitten, die mit Salz und Pfeffer gewürzt werden.
Die Zwiebelringe werden in 50 g Butter gedünstet, dann kommen Karotte und Lauch hinzu, und man läßt weiterschmoren. Die Champignons beifügen und noch 3 Minuten ziehen lassen. 4 Estragonblätter beigeben und mit Salz und Pfeffer würzen.
Alufolie wird so zugeschnitten, daß sie dreimal größer ist als die Salmschnitten, und mit Walnußöl bestrichen. Darauf verteilt man das Gemüse und die Champignons, belegt es mit der Salmschnitte, setzt auf jede 20 g Butter und Estragonblätter. Weißwein und Fischbrühe hinzufügen.
Die Alufolie wird sorgsam darüber gefaltet und am Rand zusammengerollt, so daß sich ein luftdichter Beutel ergibt.
Man wickelt die Beutel in Pergamentpapier, legt sie aufs Blech und bäckt sie 15 bis 18 Minuten bei mäßiger Hitze im Backofen.

Anmerkung
Alle in Alufolie gebackenen Gerichte sollten erst bei Tisch vor den Augen der Gäste geöffnet werden, damit das Aroma so vollkommen wie möglich zur Geltung kommt.

Fischgerichte

Lachsforelle mit Lauch I
Escalope de truite saumonée aux poireaux

Zutaten für 4 Personen

- 1 Lachsforelle (1 kg)
- 20 g Butter
- Salz und frischgemahlener Pfeffer
- 0,5 dl Weißwein (Chablis)
- 0,5 dl Fischfond
- 0,1 dl geschmolzene Butter (zum Übergießen)

Sauce
- 2,5 dl Fischfond
- 1 dl Weißwein
- 0,8 dl Noilly Prat
- 2 g feingehackte Schalotte
- 2 dl Vollrahm
- 100 g Butter (zum Binden)
- Salz und frischgemahlener Pfeffer
- 150 g junger zarter Lauch, gutgewaschen und in 5 cm lange Stücke geschnitten.

Die sorgfältig filetierte Lachsforelle wird enthäutet und in 4 gleiche Stücke geschnitten. Man legt die mit Salz und Pfeffer gewürzten Fischstücke in einen geeigneten Topf und fügt Weißwein und Fischbrühe hinzu. Zum Kochen bringen, zudecken und im Backofen pochieren. Der Fisch muß rosa bleiben. Wenn er gar ist, wird er herausgenommen und warmgestellt.

Der Sud wird zur Hälfte eingekocht, durchgeseiht und für die Sauce verwendet.

Die Sauce wird folgendermaßen zubereitet:
Man läßt Fischfond, Noilly Prat und Weißwein einkochen, fügt den Rahm hinzu und läßt weiter einkochen, bis die gewünschte Konsistenz erreicht ist. Der passierte Sud der Lachsforelle wird beigegeben und die Sauce sorgsam mit Butter gebunden.

Man blanchiert die Lauchstücke kurze Zeit und gibt sie hinzu. Mit Salz und Pfeffer abschmecken.

Die Fischstücke richtet man in der Mitte der Lauchsauce an und beträufelt sie mit geschmolzener Butter. Sofort auftragen.

Lachsforelle mit Lauch II

Zutaten für 4 Personen

- 1 Lachsforelle (1 kg)
- 20 g Butter (zum Einfetten des Backblechs)
- Salz und frischgemahlener weißer Pfeffer
- Lauchsauce (siehe vorhergehendes Rezept)
- 0,1 dl geschmolzene Butter (zum Übergießen)

Man enthäutet die sorgsam filetierte Lachsforelle und schneidet sie in ungefähr 1,5 cm dicke und 5 bis 7 cm lange Stücke.

Die mit Salz und Pfeffer gewürzten Fischstücke legt man aufs eingefettete Backblech und setzt sie auf jeder Seite 2 bis 3 Minuten starker Hitze aus, entweder der Oberhitze des Backofens oder unter dem Grill. Der Fisch muß rosa bleiben.

Der Fisch wird in dieselbe Sauce gelegt wie im vorhergehenden Rezept, mit geschmolzener Butter übergossen und sofort serviert.

Fischgerichte

Salmsoufflé Maître Schlegel
Saumon d'Écosse Maître Schlegel

Dieses Gericht gehörte zu den Spezialitäten des Palace-Hotels in Luzern und trägt den Beinamen Otto Schlegel, der 26 Jahre lang dort als Küchenchef tätig war, und dem zu Ehren es erfunden wurde.

Zutaten für 4 Personen

1 kg	Salm (netto ca. 500 g)
	Salz und frischgemahlener Pfeffer
2 g	feingehackte Schalotte
150 g	Hechtmousseline (Rezept Seite 47)
4	Garnelen (ohne Schale)
20 g	Butter
1 dl	Weißwein
1 dl	Fischfond
0,5 dl	Noilly Prat
4 dl	Vollrahm
50 g	Butter (zum Binden)
	ein wenig Sauerampfer, in Streifen geschnitten
0,5 dl	Hummersauce (Rezept Seite 59)

Der filetierte Salm wird enthäutet, entgrätet und in vier Teile geschnitten. Die mit Salz und Pfeffer gewürzten Fischstücke bedeckt man gleichmäßig mit der Hechtmousseline. Darauf kommen die gewürzten Garnelen, die man leicht in die Mousseline drückt.
Der eingefettete Topf wird mit der feingeschnittenen Schalotte bestreut, und man legt die Fischstücke hinein. Weißwein und Fischbrühe hinzufügen und im Ofen pochieren.
Wenn der Fisch gar ist, wird er herausgenommen und warmgestellt. Zuerst fügt man der Brühe Noilly Prat hinzu und läßt einkochen, dann den Rahm, und das Einkochen wird fortgesetzt, bis die gewünsche Konsistenz erreicht ist. Allmählich mit Butter binden, Sauerampfer hinzufügen und mit Salz und Pfeffer würzen. Das Gericht kurz unter dem Salamander oder im heißen Ofen etwas Farbe annehmen lassen.
Der Fisch wird in der Sauce angerichtet, und man bedeckt die Garnelen mit der gutgewürzten Hummersauce.

Fischgerichte

Bachforelle mit Schnittlauch
Filets des danseuses de rivière
à la ciboulette

Zutaten für 4 Personen

- 6 frische Regenbogenforellen (je 180 g)
- 10 g Lauch, in kleine Stücke geschnitten
- 5 g Sellerie, in kleine Stücke geschnitten
- Salz und frischgemahlener weißer Pfeffer
- 1,5 dl trockener Weißwein
- ein wenig Maismehl (Maizena)
- 150 g Butter (zum Binden)
- feingehackter Schnittlauch
- ein wenig Cayennepfeffer

Die Forellen werden aufgeschnitten und sorgfältig mit einem scharfen Messer filetiert. Zuerst legt man die Lauch- und Selleriestückchen in einen eingefetteten Topf, dann den gewürzten Fisch. Mit Weißwein auffüllen, mit Pergament bedecken und pochieren. Man nimmt die Fischfilets heraus, enthäutet sie und stellt sie warm.
Die Brühe wird eingekocht, bis sie fast geliert. Mit etwas Maismehl binden und vom Feuer nehmen. Die Butter wird allmählich hineingerührt, wenn nötig, etwas Weißwein beigegeben.
Zum Schluß kommt der feingehackte Schnittlauch in die Sauce, und man würzt sie mit Salz, weißem Pfeffer und Cayennepfeffer. Man richtet die Forellenfilets auf dem Teller an und bedeckt sie mit der sehr leichten Sauce. Sofort auftragen.

Anmerkung
Wenn zum Schluß die Butter hineingerührt wird, darf das Kochgefäß weder zu heiß noch zu kalt sein, sonst gerinnt die Sauce.

Fischgerichte

Seezungenfilet mit Garnelen
Suprême de sole Philippe

Zutaten für 4 Personen

- 2 Seezungen (ungefähr je 400 g)
- 10 g Butter
- 2 g feingehackte Schalotte
- Salz und frischgemahlener Pfeffer
- 1 dl trockener Weißwein
- 1 dl Fischfond
- 4 dl Vollrahm
- 0,2 dl Armagnac
- 80 g Butter (zum Binden)
- 12 Garnelen mit Kopf
- 60 g Champignons, in dicke Scheiben geschnitten und pochiert
- Blätterteiggebäck in Seesternform

Der filetierten Seezunge wird die Haut auf beiden Seiten abgezogen.
Das Kochgefäß wird mit Butter eingerieben und mit der Schalotte bestreut. Man würzt die Seezunge mit Salz und Pfeffer, faltet die Filets zusammen und legt sie nebeneinander in den Topf. Weißwein und Fischbrühe hinzufügen, mit Pergamentpapier bedecken und im Ofen pochieren.
Der Fisch wird herausgenommen und warmgestellt, der Sud eingekocht.
Man gibt den Rahm hinzu und läßt bis zur gewünschten Konsistenz einkochen. Armagnac beifügen, mit der Butter binden und mit Salz und Pfeffer würzen.
Die Seezunge wird auf dem Teller mit der Sauce bedeckt. Die in der Brühe gewärmten Garnelen, die blanchierten Champignons und die frischgebackenen Blätterteig-Fleurons dienen als Garnitur.

Fischgerichte

Seezungen- und Hummertimbale Eugène Käufeler
Timbale de sole Eugène Käufeler

Eugène Käufeler war 42 Jahre lang im Hotel Dorchester tätig, die letzten 26 Jahre als Küchenchef. Er wählte mich zu seinem Nachfolger. Er schuf dieses Fischgericht, dessen Name sein Andenken hochhält.

Zutaten für 4 Personen

500 g	filetierte Seezunge, in dicke Streifen geschnitten
	Salz und frischgemahlener Pfeffer
10 g	Hummerbutter (Rezept Seite 73)
10 g	feingehackte Schalotte
60 g	Champignons, in Scheiben geschnitten
80 g	Hummerfleisch
1 dl	Sherry
1 dl	Weißwein
2 dl	Hummersauce (Rezept Seite 59)
2 dl	Vollrahm
4	halbe Hummerscheren
4	Trüffelscheiben

Die Schalotte wird in der Hummerbutter gedünstet. Man gibt die gewürzten Seezungenstücke hinzu und läßt sie 1 Minute schmoren. Dann werden Champignons und Hummerfleisch beigefügt; mit Sherry und Weißwein ablöschen.
Seezunge, Hummer und Champignons werden herausgenommen und warmgestellt.
Man fügt Hummersauce und Rahm hinzu und läßt die Sauce bis zur gewünschten Konsistenz einkochen.
Dann füllt man Seezunge, Hummer und Champignons in Förmchen (Timbale) und bedeckt sie mit der gewürzten Sauce.
Mit den warmen Hummerscheren und den Trüffelscheiben garnieren.

Anmerkung
Dazu reicht man vorzugsweise Reispilaw.

Seezungenröllchen mit Räucherlachs
Paupiettes de sole Montrose

Zutaten für 4 Personen

- 2 Seezungen (je ungefähr 350 g)
- 8 dünngeschnittene Räucherlachsscheiben
- 20 g Butter
- 2 g feingehackte Schalotte
- 20 g Karotten ⎫
- 20 g Lauch ⎬ in Streifen geschnitten
- 20 g Sellerie ⎭
- 2 dl Weißwein
- 0,5 dl Noilly Prat
- 1 dl Fischfond
- 3 dl Vollrahm
- 1 dl Hummersauce (Rezept Seite 59)

Die auf beiden Seiten enthäutete Seezunge wird filetiert. Man klopft sie vorsichtig flach, würzt sie mit Salz und Pfeffer und legt die Räucherlachsscheiben darauf. Sie werden zusammengerollt und mit einem Zahnstocher zusammengehalten.

Eine geeignete Kasserolle wird mit Butter eingefettet und mit der Schalotte bestreut. Karotte, Lauch und Sellerie werden hineingelegt. Darauf kommen die Seezungenröllchen. Fischfond, Weißwein und Noilly Prat hinzufügen und zugedeckt im Ofen pochieren.

Die Röllchen und das Gemüse nimmt man heraus und stellt sie warm.

Die Brühe wird eingekocht. Dann fügt man Rahm und Hummersauce hinzu und läßt bis zur gewünschten Konsistenz einkochen. Das Gemüse wird der Sauce beigefügt, und man schmeckt mit Salz und Pfeffer ab. Die Seezungenröllchen mit der leichten Sauce bedecken.

Seezungenstreifen mit Orange und grünem Pfeffer
Goujons de sole aux oranges et poivre vert

Zutaten für 4 Personen

8	Seezungenfilets à 70 g in Streifen geschnitten (je Streifen ungefähr 10 g)
	Salz und frischgemahlener Pfeffer
	etwas feingehackte Orangenschale
10 g	Butter
0,5 dl	Fischfond
0,4 dl	Weißwein (leicht süß)
0,5 dl	Noilly Prat
20	grüne Pfefferkörner
60 g	weiße Rübe, in der Größe einer Knoblauchzehe geschnitten und blanchiert
40 g	Butter (zum Binden)
2	Orangen, geschält und zerteilt
8	kleine Basilikumblätter

Die Seezungenstreifen werden mit Salz, Pfeffer und etwas gehackter Orangenschale mariniert.

Ins gebutterte Kochgefäß kommen Seezunge, Fischbrühe, Weißwein und Noilly Prat. Im zugedeckten Topf pochiert man die Seezunge auf jeder Seite ungefähr 1½ Minuten lang, bis sie glasiert. Dann nimmt man den Fisch heraus und stellt ihn warm.

Die Brühe läßt man zur gewünschten Konsistenz einkochen, bevor man die grünen Pfefferkörner und die blanchierte Rübe beigibt. Sehr sorgfältig mit Butter binden und nach Geschmack mit Salz und Pfeffer würzen.

Die Seezungenstücke werden in die Sauce gelegt und die Orangenfilets beigegeben. Die hübsch arrangierte Speise wird mit Basilikumblättern garniert und sofort aufgetragen.

Fischgerichte

Steinbutt mit Mark
Suprême de turbot à la moëlle

Zutaten für 4 Personen

- 4 Steinbuttfilets (je 150 g)
- Salz und frischgemahlener Pfeffer
- 0,3 dl Erdnußöl
- 80 g Butter
- 160 g Rindermark, in Würfel geschnitten
- 30 g Weißbrotbrösel
- ein wenig gehackte Petersilie
- 0,3 dl Weißwein
- 4 Zitronenviertel

Die gewürzten Steinbuttfilets werden in dem Öl und etwas Butter gebraten.
Man vermischt Mark, Brotkrumen, Petersilie und Weißwein und würzt mit Salz und Pfeffer.
Diese Mischung wird gleichmäßig auf die Fischfilets gestrichen. Man läßt sie unter dem Grill glasieren.
Die Fischfilets werden auf einer Platte arrangiert. Man übergießt sie mit der übrigen Butter, die braun und schäumend sein soll.
Mit Zitronenvierteln garnieren und sofort auftragen.

Gefüllte Steinbuttschnitten mit Krebsen
Tronçon de turbot soufflé aux écrevisses

Zutaten für 4 Personen

4	Steinbuttstücke (je 130 g)
160 g	Hechtmousseline (Rezept Seite 47)
5 g	Butter
2 g	feingehackte Schalotte
	Salz und frischgemahlener Pfeffer
1 dl	Noilly Prat
3 dl	Fischfond
3 dl	Rahm
40 g	Butter (zum Binden)
4 g	Kerbelzweiglein
100 g	Gurke, entwässert und blanchiert
4	Flußkrebse
4	Trüffelscheiben
4	Blätterteighalbmonde

Man entgrätet die Steinbuttstücke und füllt sie mit der Hechtmousseline. Der mit Butter eingeriebene Kochtopf wird mit Schalotte bestreut, bevor man die gewürzten Steinbuttstücke hineinlegt. Fischbrühe und Noilly Prat zugießen, zudecken und im Ofen pochieren. Man nimmt den Fisch heraus, läßt den Sud einkochen, fügt den Rahm hinzu und läßt bis zur gewünschten Konsistenz weitereinkochen. Sorgsam mit Butter binden. Dann fügt man den Kerbel hinzu und schmeckt mit Salz und Pfeffer ab.
Die Steinbuttstücke werden enthäutet, angerichtet und mit der Sauce bedeckt. Man garniert das Gericht mit den in der Brühe gewärmten Krebsschwänzen und den Blätterteighalbmonden.

Anmerkung
Der Hechtmousseline kann man Stückchen von Muscheln, Hummer, Garnelen oder Trüffeln beifügen.

Fischgerichte

Steinbuttfilets mit Senfsauce
Blanc de turbot parfumé à la moutarde

Zutaten für 4 Personen

- 4 Steinbuttfilets (je 160 g)
  Salz und frischgemahlener Pfeffer
- 20 g Butter
- 2 dl Weißwein
- 1 dl Fischfond
- 2 g feingehackte Schalotte
- 2 dl Vollrahm
- 60 g Butter (zum Binden)
- 5 g Dijon-Senf
- 30 g Schlagrahm
  ein wenig Zitronensaft
- 4 Blätterteighalbmonde

Die gewürzten Steinbuttfilets legt man mit der Schalotte in den eingefetteten Topf. Man gießt Weißwein und Fischbrühe dazu und pochiert den Fisch im Ofen.
Wenn er gar ist, wird er herausgenommen und warmgestellt.
Die Fischbrühe wird eingekocht, der Rahm beigefügt und alles bis zur gewünschten Konsistenz weiter eingekocht.
Allmählich Butter und Senf hineinrühren. Dann zieht man den Schlagrahm darunter und würzt die Sauce mit Salz, Pfeffer und ein wenig Zitronensaft.
Der Fisch wird mit der Sauce bedeckt und unter dem Grill gebräunt. Mit den Blätterteighalbmonden garnieren.

Rotbarbe mit Vinaigrette
Filets de rouget à la vapeur sous cloche

Rezept Seite 148

Rendez-vous der Meeresfrüchte
Rendez-vous de fruits-de-mer à la crème de basilic

Rezept Seite 158

Fischgerichte

Steinbutt mit Safran
Goujons de turbot au safran

Zutaten für 4 Personen

- 700 g Steinbuttfilets
- 5 g Butter
- 2 g feingehackte Schalotte
- 25 Safranfäden
- 0,5 dl trockener Weißwein
- 0,4 dl Noilly Prat
- 0,8 dl Fischfond
- 1,5 dl Vollrahm
- 30 g Tomate, in Würfel geschnitten
- 100 g Gurke, rund ausgestochen und blanchiert
- ein paar Estragonblätter ohne Stiel
- 50 g Butter (zum Binden)
- ein paar Tropfen Pernod

Die Fischfilets schneidet man in Streifen (je 15 g).
Schalotte und Safran dünstet man in der geschmolzenen Butter. Mit Weißwein, Noilly Prat und Fischbrühe ablöschen.
Dahinein kommen die gewürzten Steinbuttstreifen, die man etwa 5 Minuten ziehen läßt (nicht zum Kochen bringen). Den Fisch herausnehmen und warmstellen.
Die Brühe wird eingekocht, der Rahm hinzugefügt und bis zur gewünschten Konsistenz weiter eingekocht. Man fügt der Sauce die Tomatenwürfel und die blanchierten Gurken zu und würzt sie nach Geschmack mit Estragon.
Mit Butter binden und mit ein wenig Pernod sowie Salz und Pfeffer abschmecken. Man mischt die Steinbuttstreifen mit der Sauce und trägt das Gericht sofort auf.

Steinbutt mit Austern
Filet de turbot aux huîtres

Zutaten für 4 Personen

4	Steinbuttfilets (je 180 g)
	Salz und Pfeffer
15 g	Butter
5 g	feingehackte Schalotte
1 dl	Champagner
	Saft von ¼ Zitrone
16	Austern
20 g	Karotte
20 g	Lauch
20 g	Stangensellerie
60 g	Butter (zum Binden)

Karotte, Lauch, Stangensellerie: in ganz feine Streifen geschnitten

Der eingefettete Topf wird mit der Schalotte bestreut und der gewürzte Fisch hineingelegt. Man fügt Champagner und Zitronensaft hinzu, bedeckt den Topf und pochiert die Steinbuttfilets sorgfältig im Ofen.
Der Fisch wird dann herausgenommen und warmgestellt.
Man öffnet die Austern, entfernt den Bart und seiht das Austernwasser durch ein Tuch oder ein Haarsieb. Die Austern läßt man im eigenen Wasser liegen, bis sie gebraucht werden.
Das Julienne-Gemüse dünstet man in Butter, ohne es zu bräunen. Man löscht es mit der Fischbrühe ab und fügt die Austern mitsamt ihrem Wasser hinzu. Die Austern etwa 15 Sekunden lang in der Brühe pochieren (nicht aufkochen lassen) und warmhalten.
Die Brühe wird zur Hälfte eingekocht und vom Feuer genommen. Sorgfältig mit Butter binden.
Man schmeckt die Sauce mit Salz und Pfeffer ab, legt die Steinbuttfilets beim Anrichten darauf und garniert mit den Austern. Sofort auftragen.

Fischgerichte

Heilbutt mit Trauben und Nüssen
Epigramme de flétan Maître Jules

Zutaten für 4 Personen

- 4 Heilbuttfilets (je 150 g)
  Salz und frischgemahlener Pfeffer
- 1 dl Öl
- 4 Jakobsmuscheln in Scheiben geschnitten
- 2 Seezungenfilets à 60 g, in Streifen geschnitten
- 4 Garnelen ohne Schale
- 50 g Butter
- 4 Flußkrebse ohne Schale
- 20 weiße Muskatellertrauben, geschält und entkernt
- 20 g Walnüsse, geschält und halbiert
  ein wenig gehackte Petersilie

Die gewürzten Heilbuttfilets werden in Öl gebraten, bis sie goldbraun sind.
Die gewürzten Muscheln, Seezungenstreifen und Garnelen brät man in brauner Butter und fügt dann Krebsschwänze, Weinbeeren und Walnüsse hinzu.
Die vier Flußkrebse dienen — wie auch die Petersilie — als Garnitur.

Anmerkung
Die Besonderheit dieses Gerichts ist durch die Kombination von Fisch, Walnüssen und Weintrauben bedingt.

Fischgerichte

Heilbuttrouladen in Salatblättern
Filet de flétan en laitue

Zutaten für 4 Personen

- 4 Heilbuttfilets (je 160 g)
  Salz und frischgemahlener Pfeffer
- 8 Salatblätter, blanchiert
- 2 g feingehackte Schalotte
- 20 g Butter
- 40 g Lauch ⎫
- 40 g Karotte ⎬ in ganz feine Streifen geschnitten
- 40 g Sellerie ⎭
- 1,5 dl Weißwein
- 3 dl Fischfond
- 3 dl Vollrahm
- 40 g Butter (zum Binden)

Die Heilbuttfilets werden zusammengerollt und mit je 2 Salatblättern umwickelt.
Schalotte und Heilbuttrouladen kommen in einen Topf, darauf die Julienne. Man füllt mit Weißwein und Fischbrühe auf, deckt den Topf zu, bringt alles kurz zum Kochen und pochiert dann im Ofen. Fisch und Julienne werden herausgenommen und warmgestellt. Man kocht den Sud ein, fügt Rahm hinzu und kocht weiter ein, bis die gewünschte Konsistenz erreicht ist.
Mit Butter binden und mit Salz und Pfeffer abschmecken.
Fisch und Gemüse werden mit der Sauce bedeckt.

Anmerkung
Wenn die blanchierten Salatblätter leicht bitter werden, erhält das Gericht einen angenehmen Geschmack. Es ist wichtig, daß die Julienne knusprig bleibt.

Schellfisch mit Tomaten
Suprême d'aigrefin Elysée

Zutaten für 4 Personen

- 4 Haddockfilets zu je 160 g (leicht gesalzener und geräucherter Schellfisch)
- 2 g feingehackte Schalotte
- 1 dl trockener Weißwein
- 2 dl Fischfond
- 20 g Butter
- 100 g Tomaten, in Würfel geschnitten
- ein wenig gehackte Petersilie
- 60 g Butter (zum Binden)
- 4 dl Vollrahm
- Salz und frischgemahlener Pfeffer
- 12 grüne Spargelspitzen, blanchiert

Die geputzten Schellfischfilets werden in einem eingefetteten Topf zusammen mit Schalotte, Weißwein und Fischfond pochiert. Dann nimmt man sie heraus und kocht den Sud ein.
Man fügt den Rahm hinzu und kocht weiter ein bis zur gewünschten Konsistenz.
Tomate und Petersilie hinzufügen und mit Butter binden. Mit Salz und Pfeffer abschmecken. Die Sauce wird über den Fisch gegossen.
Mit den in Butter gewärmten Spargelspitzen wird garniert.

Seeteufel mit Schnittlauchsauce
*Grenadins de baudroie
à la sauce verte*

Zutaten für 4 Personen

1	Seeteufel (1,5 kg)
10 g	Butter
2 g	Schalotte
	Salz und frischgemahlener Pfeffer
2 dl	trockener Weißwein
2 dl	Fischfond
80 g	Butter (zum Binden)
20 g	Schnittlauch, mit etwas Sud püriert

Man enthäutet den Seeteufel sorgfältig, entfernt dunkle Flecken und löst das Fleisch von dem Knorpel in der Mitte des Fisches. Die geputzten Filets schneidet man in 16 Stücke zu je 40 g.
Das eingefettete Kochgefäß wird mit der Schalotte bestreut. Man legt die gewürzten Fischstücke hinein und gießt Weißwein und Fischfond dazu.
Mit Pergamentpapier bedecken und 8 bis 10 Minuten lang im Ofen pochieren.
Dann werden die Fischstücke herausgenommen und warmgestellt.
Die Brühe wird um die Hälfte eingekocht und mit der Butter, die nicht zu weich sein darf, gebunden. Nun fügt man den pürierten Schnittlauch hinzu, passiert die Sauce durch ein feines Sieb und schmeckt sie mit Salz und Pfeffer ab.
Die Sauce kommt in eine vorgewärmte Schüssel, und die Fischstücke werden hineingelegt. Sofort auftragen.

Fischgerichte

Gegrillter Seeteufelschwanz mit frischen Kräutern
Queue de baudroie grillée aux herbes

Zutaten für 4 Personen

- 4 Seeteufelschwänze (je 200 g, ohne Gräten)
- 1 dl Olivenöl
- 8 g Kräutermischung (Dill, Basilikum, Thymian, Majoran)
- Knoblauch
- Salz und frischgemahlener Pfeffer
- ein wenig Petersilie
- 1,5 dl geschmolzene Butter

Die geputzten, enthäuteten Seeteufelschwänze mariniert man eine Stunde lang in dem Öl, dem man die Kräutermischung und Knoblauch beigibt.

Dann nimmt man sie aus der Marinade, würzt sie mit Salz und Pfeffer und grillt sie auf beiden Seiten. Dabei muß man achtgeben, daß die Kräuter nicht anbrennen.

Mit Petersilie garnieren. Die weiße Butter wird für sich in der Saucière serviert.

Seeteufelschwanz mit schwarzen Pfefferkörnern
Queue de baudroie au poivre noir

Zutaten für 4 Personen

800 g	Seeteufelschwanz, in Scheiben geschnitten
	einige zerstoßene schwarze Pfefferkörner
20 g	Butter
5 g	feingehackte Schalotte
2 dl	Weißwein
3 dl	Vollrahm
15 g	Fischglace
10 g	Butter
	Salz und Cayennepfeffer
20 g	kleine frische Morcheln
4	Blätterteighalbmonde

Man würzt die Fischstücke mit den gestoßenen Pfefferkörnern und mit Salz und dünstet sie zusammen mit der Schalotte in Butter, ohne sie zu bräunen. Mit Weißwein ablöschen und einkochen lassen.

Man fügt Rahm und Fischglace hinzu und läßt das Ganze im zugedeckten Topf 6 bis 7 Minuten lang ziehen. Dann werden die Fischstücke herausgenommen und warmgestellt.

Die Sauce wird bis zur gewünschten Konsistenz eingekocht.

Mit Salz und Cayennepfeffer würzen und den Fisch mit der Sauce anrichten. Mit geschmorten Morcheln und frischgebackenen Blätterteighalbmonden garnieren.

Fischgerichte

Petersfisch mit Weißweinsauce und Tomaten
Filets de St-Pierre sans nom

Zutaten für 4 Personen

- 2 Petersfische (ungefähr 1,5 kg)
- 30 g Butter
- Salz und frischgemahlener Pfeffer
- 0,5 dl trockener Weißwein
- 1,5 dl Fischfond
- ein wenig Zitronensaft
- 160 g gedünstete Tomatenwürfel (Rezept Seite 74)

Sauce
- 0,6 dl Noilly Prat
- 0,6 dl trockener Weißwein
- 0,5 dl Fischfond
- 2 Eigelb
- ein wenig Zitronensaft
- 2 g feingehackter Schnittlauch
- Salz und frischgemahlener weißer Pfeffer, Cayennepfeffer

Die Petersfische werden gründlich gewaschen und sorgfältig filetiert. Dann entfernt man die Haut.
Die mit Salz und Pfeffer gewürzten Filets kommen ins eingefettete Kochgefäß, das man mit Weißwein, Fischbrühe und Zitronensaft auffüllt. Mit Pergamentpapier bedecken, zum Kochen bringen und im Ofen 3 bis 4 Min. lang pochieren, bis der Petersfisch gar ist. (Petersfisch, auch Heringskönig genannt, wird sehr schnell trocken, wenn man den Garpunkt überschreitet.) Die Filets werden herausgenommen und warmgestellt.
Man kocht den Sud ein wenig ein, seiht ihn durch und vermischt ihn mit der Sauce, die folgendermaßen zubereitet wird:
Man kocht Noilly Prat, Weißwein und Fischbrühe um die Hälfte ein, läßt ein wenig abkühlen und schlägt die Flüssigkeit mit den Eigelb im Wasserbad zusammen, bis sie schaumig ist. Zitronensaft, Schnittlauch, Salz, Pfeffer und Cayennepfeffer nach Geschmack beifügen. Die gutgewürzten heißen Tomaten werden auf einem Teller angerichtet. Darauf legt man die Fischfilets, die mit der Sauce bedeckt werden. Sofort auftragen.

Fischgerichte

Rotbarbe mit Vinaigrette
Filets de rouget à la vapeur sous cloche

Zutaten für 4 Personen

- 8 Rotbarben (je ungefähr 160 g)
  Salz und frischgemahlener Pfeffer
- 20 g Karotte, gerieft und in Scheiben geschnitten
- 20 g feingehackte Zwiebel
- 8 kleine Basilikumblätter

Vinaigrette
0,5 dl Rotweinessig
1 dl Olivenöl
5 g feingehackte Schalotte
ein wenig Petersilie und Basilikum
Salz und frischgemahlener Pfeffer

Die ausgenommenen und gründlich gewaschenen Barben werden sorgfältig filetiert. An der Hautseite eines jeden Filets schneidet man mit einem scharfen Messer drei Kerben ein.
Die gewürzten Filets werden ungefähr 3 bis 4 Minuten im Dampf gegart. Man richtet sie mit der Hautseite nach oben auf einem Dekkelgeschirr an.
Sie werden mit der Vinaigrette bedeckt und mit den blanchierten Karottenscheiben, der feingehackten Zwiebel und den Basilikumblättern garniert.

Anmerkung
Dieses Fischgericht kann auch als Vorspeise verwendet werden. In diesem Fall nimmt man die Hälfte der Zutaten.

Fischgerichte

Eglifilet (Barsch) mit Gemüse
Filets des perches aux petites légumes

Zutaten für 4 Personen

1,8 kg	Barsch (ergibt ungefähr 800 g Filet)
20 g	Butter
4 g	feingehackte Schalotte
20 g	Karotten
20 g	Lauch — in Streifen geschnitten
20 g	Sellerie
2 dl	trockener Weißwein
2 dl	Fischfond
3 dl	Vollrahm
50 g	Butter (zum Binden)
	feingehackter Schnittlauch
	Salz und frischgemahlener Pfeffer

Der Fisch wird enthäutet, filetiert und gründlich gewaschen.
Man legt Schalotte und Gemüse in das eingefettete Kochgefäß. Darauf kommen die gewürzten Barschfilets.
Man fügt Weißwein und Fischfond hinzu, bedeckt mit Pergamentpapier, läßt kurz aufkochen und pochiert dann im Ofen 3 bis 4 Minuten lang.
Die Filets herausnehmen und warmstellen.
Der Sud wird eingekocht, der Rahm beigefügt und alles bis zur gewünschten Konsistenz weiter eingekocht.
Allmählich die Butterstückchen hineinarbeiten, Schnittlauch dazugeben, mit Salz und Pfeffer abschmecken.

Anmerkung
Gekochte Kartoffeln sind die beste Garnitur zu diesem zarten Fischgericht.

Fischgerichte

Felchenfilets mit Champignons und Tomaten
Filet de féra Marie-Louise

Zutaten für 4 Personen

- 4 Felchen à 200 g
- 10 g Butter
- 2 g fein gehackte Schalotte
- 2 dl Weißwein
- 1 dl Fischfond
- 3 dl Rahm
- 15 g Champignonpüree Duxelles (Rezept Seite 253)
- 80 g Tomaten, in Filets geschnitten
- 4 Blätterteig-Fleurons
- Salz, Pfeffer aus der Mühle

Zubereitung

Die frischen Felchen sorgfältig filetieren und von den Gräten befreien. Ein passendes Geschirr mit Butter ausstreichen, Schalotten einstreuen, die gewürzten Felchenfilets mit Weißwein und Fischfond zugedeckt pochieren. Dann die Fische herausnehmen, den Fond reduzieren und mit dem Rahm auffüllen. Das Ganze zur gewünschten Dicke einkochen lassen und mit Salz und Pfeffer abschmecken.

Die Felchenfilets werden mit der gut abgeschmeckten heißen Duxelles bestrichen, angerichtet und mit der feinen Sauce nappiert.

Die in Butter erwärmten Tomatenfilets obenauf garnieren.

Blätterteig-Fleurons separat dazu servieren.

Fischgerichte

Hechtklöße mit Weißweinsauce à la Mère Olga
Quenelles de brochet Mère Olga

Zutaten für 4 Personen

250 g	Hecht ohne Haut
1	Eiweiß
2,5 dl	Vollrahm
1 l	Fischfond
200 g	Spinat, blanchiert
40 g	Butter
5 g	feingehackte Schalotte
100 g	Champignons, in Scheiben geschnitten
2 dl	Krebssauce (Rezept Seite 60)
2 dl	Weißweinsauce (Rezept siehe unten)
4	halbe Krebsschwänze
8	Trüffelscheiben
	Blätterteiggebäck mit Kaviarfüllung

Weißweinsauce

10 g	feingehackte Schalotte
5 g	Butter
1 dl	Weisswein (Chablis)
0,2 dl	Fischbrühe
0,2 dl	Noilly Prat
1 dl	Vollrahm
40 g	Butter (zum Binden)
	Salz und frischgemahlener Pfeffer

Man passiert das Hechtfleisch, stellt es in einer Schüssel auf Eis, würzt es und rührt das Eiweiß hinein. Unter fortwährendem Rühren wird der Rahm darunter gezogen. Die Masse durch ein Sieb streichen. Mit zwei Löffeln formt man 8 gleich große Klöße, die in der gutgewürzten Fischbrühe sorgfältig pochiert werden.
Den Spinat dünstet man zusammen mit Schalotte und Champignons in Butter.
Die Klöße werden auf dem Spinat angerichtet. Die eine Hälfte bedeckt man mit Krebssauce, die andere mit Weißweinsauce.

Fischgerichte

Die als Garnitur dienenden Fleurons schneidet man in warmem Zutand auf, füllt sie mit Kaviar und setzt das Deckelchen schief darauf. Sie müssen sofort aufgetragen werden.

Die Weißweinsauce wird folgendermaßen zubereitet:

Man dünstet die Schalotte in Butter, fügt Weißwein, Noilly Prat und Fischbrühe hinzu und läßt fast vollständig einkochen. Durch ein Haarsieb streichen, Rahm beifügen und im Mixer pürieren. Die in Würfel geschnittene Butter kommt hinzu und wird mitpüriert. Mit Salz und Pfeffer abschmecken.

Hechttimbale à la Palace
Timbale de brochet Palace

Zutaten für 4 Personen

600 g	Hechtmousseline (Rezept Seite 47)
80 g	gekochter und gehackter Spinat
10 g	roher Hummerrogen
	Salz und frischgemahlener weißer Pfeffer
	ein wenig Cayennepfeffer
4	Champignonköpfe
5 g	Butter

Sauce

1 dl	Weißwein
0,5 dl	Noilly Prat
4 dl	Vollrahm
	ein paar Basilikumblätter
	Salz und frischgemahlener weißer Pfeffer

Die Hechtmousseline wird auf drei Schüsseln verteilt. Einen Teil mischt man mit Spinat, den zweiten mit Hummerrogen.

Man füllt eingefettete Förmchen schichtweise: eine Lage Hechtmousseline, dann die grüne Spinatlage, zuoberst die rote Rogenlage.

Ungefähr 15 Minuten lang im Ofen im Wasserbad pochieren. Es ist ratsam, die Förmchen danach etwa 5 Minuten ruhen zu lassen, weil sich die Masse dann leichter von der Form löst.

Die gestürzten Timbale werden in der Sauce angerichtet. Als Garnitur legt man die in Butter geschwenkten Champignonköpfe darauf.

Die Sauce wird folgendermaßen zubereitet:

Weißwein und Noilly Prat einkochen lassen, den Rahm hinzufügen und weiter einkochen. Mit gehackten Basilikumblättern, Salz und Pfeffer würzen.

Fischgerichte

Grüner Aal
Anguilles vertes

Zutaten für 4 Personen

1 kg	frische Aale
10 g	junge Brennesselblätter
10 g	Bibernellblätter
5 g	geriebener Ingwer
100 g	feingehackter Spinat
50 g	Sauerampfer, in Butter gedünstet
30 g	Brunnenkresse, in Butter gedünstet
2 g	Estragon
5 g	feingehackter Kerbel
5 g	feingehackte Petersilie
0,2 dl	Olivenöl
	Salz und frischgemahlener Pfeffer

Die Aale werden enthäutet und in 5 bis 6 cm lange Stücke geschnitten.

Brennessel, Bibernelle und Ingwer gießt man mit etwas kochendem Wasser auf, läßt 20 Minuten lang ziehen und seiht den Aufguß durch ein Tuch.

Die zubereiteten Kräuter und der Spinat werden püriert. Man fügt den Aufguß hinzu und läßt die Flüssigkeit auf ein Drittel einkochen.

Die Aalstücke werden in Öl gebraten, bis sie goldbraun sind. Man entfernt das Fett und gibt statt dessen die Sauce hinzu. Zudecken und ungefähr 10 Minuten lang kochen lassen. Nach Geschmack nachwürzen und in einer Schüssel auftragen.

Grilliertes Rinderkotelett mit Kräutern
Côte de bœuf marinée aux herbes du jardin

Rezept Seite 177

Kalbsmignons mit Sauerampfersauce
Mignons de veau à l'oseille

Rezept Seite 183

Schalen- und Muscheltiere

Muscheln
Außerhalb des Wassers leben Muscheln noch 30 bis 36 Stunden. Es empfiehlt sich, nur geschlossene Muscheln zu kaufen. Nachdem man sie geöffnet hat, beklopft man die Schale, so daß die Muschel leicht vibriert. Diese Frischeprobe ist zuverlässig. Eine andere Probe kann man mit Salz machen: Die Muschel sollte sich sofort bewegen, wenn man Salz darauf streut.

Hummer
Hummerweibchen von den britischen, irischen und schottischen Küsten haben den besten Geschmack. Sie sind bläulichweiß oder hellblau mit weißen Flecken. Das Weibchen schmeckt besser; das Männchen braucht seine Scheren häufiger, bewegt sich überhaupt mehr als das Weibchen und vergißt wegen seiner ständigen Liebesaffären oft das Fressen. All das ist natürlich dem guten Geschmack seines Fleisches abträglich. Abgesehen davon enthält der Kopf des Weibchens einen sehr delikaten Fleischstreifen. Befruchtete Weibchen haben den besten Hummergeschmack. Um das Geschlecht festzustellen, vergleicht man die untere Schale: Die des Weibchens ist größer, weil sie die Eier enthält. Das Idealgewicht ist 800 bis 900 g.

Austern
Die größten Austern sind keineswegs die besten. Als die besten werden die Belon aus dem gleichnamigen Fluß angesehen. Den unterhalb der Schale liegenden Mantel und die Kiemen bezeichnet man als Bart. Wenn möglich, sollte man Austern 15 Minuten vor dem Essen öffnen.

Krebse
Am schmackhaftesten ist der Flußkrebs mit roten Beinen, der dunkler und fleischiger ist und kürzere Scheren hat als die weißbeinigen Krebse, die in stehenden Gewässern leben. Die meisten rotbeinigen Flußkrebse kommen heute aus Polen.

Schalen- und Muscheltiere

Rendez-vous der Meeresfrüchte
*Rendez-vous de fruits-de-mer
à la crème de basilic*

Der Name Rendez-vous läßt dem Koch viel Spielraum. Dabei gibt es keine Begrenzung, und die Kombinationsgabe kann sich frei entfalten. Außerdem ist man nicht an die Jahreszeit gebunden, da es gestattet ist, die Meeresfrüchte auszutauschen, so daß man dem Gast stets die frischesten Produkte vorsetzen kann.

Zutaten für 4 Personen

4	Jakobsmuscheln mit Schale (120 g netto)
8	Garnelen ohne Schale
140 g	Salm, längs in Stücke geschnitten (je 15 g)
140 g	Steinbutt, längs in Stücke geschnitten (je 15 g)
4	Austern in der Schale
20 g	Lauch
20 g	Karotten — in dünne Streifen geschnitten
20 g	Sellerie
20 g	Butter
2 dl	Fischfond
2 dl	trockener Weißwein
4 dl	Vollrahm
0,4 dl	Noilly Prat
12	Basilikumblätter, in Streifen geschnitten
60 g	Butter (zum Binden)
	Salz und frischgemahlener Pfeffer
	Cayennepfeffer

Man öffnet die Jakobsmuscheln mit einem kleinen starken Messer und legt sie ein paar Minuten auf die heiße Herdplatte, damit sie sich vollständig öffnen. Muschelfleisch und Rogen werden mit einem Suppenlöffel herausgenommen. Man trennt beides sorgfältig und wäscht alles gründlich. Dann schneidet man sie in Hälften und legt sie auf ein trockenes Tuch.
Garnelen, Salm- und Steinbuttstücke werden gewürzt.
Man öffnet die Austern, nimmt sie heraus, entfernt den Bart und stellt sie im eigenen Wasser beiseite.

Schalen- und Muscheltiere

Man dünstet Lauch, Karotte und Sellerie in Butter, fügt Steinbutt und Garnelen hinzu und dünstet weiter.
Salm und Muscheln werden zuletzt dazugegeben; dann füllt man mit Fischbrühe und Weißwein auf, bringt zum Kochen und läßt alles 2 Min. lang ziehen.
Danach werden Meeresfrüchte und Gemüsestreifen herausgenommen und warmgestellt.
Man läßt den Sud einkochen, fügt Rahm und Noilly Prat hinzu und läßt noch ein wenig einkochen.
Meeresfrüchte und Gemüse werden in die Sauce gegeben, danach die rohen Austern mitsamt ihrem Wasser und das Basilikumkraut. Mit Butter binden und nach Geschmack mit Salz, Pfeffer und Cayennepfeffer würzen.
Man richtet das Rendezvous der Meeresfrüchte in Porzellantöpfchen an und serviert sofort.

Schalen- und Muscheltiere

Meeresfrüchte mit Spinatnudeln
Nouilles vertes aux fruits-de-mer

Zutaten für 4 Personen

- 320 g Spinatnudeln (Rezept Seite 57)
- 30 g Garnelen ohne Schale
- 60 g Seezungenfilets, in Streifen geschnitten
- 30 g halbierte Jakobsmuscheln
- 30 g Crevetten ohne Schale
- 60 g Muscheln ohne Schale
- Dill, Basilikum, Petersilie, Zitronensaft, Salz und frischgemahlener Pfeffer
- 5 g feingehackte Schalotte
- 0,2 dl Olivenöl
- 0,1 dl Cognac
- 2 dl Weißwein
- 3 dl Vollrahm
- 30 g Butter
- 40 g Hummerbutter (Rezept Seite 73)
- 40 g geriebener Parmesankäse

Die Spinatnudeln werden in Salzwasser *al dente* gekocht.
Die Meeresfrüchte mariniert man in gehackten Kräutern, Zitronensaft, Salz und Pfeffer.
Man dünstet die feingehackte Schalotte in Olivenöl, fügt Seezungenstreifen und Jakobsmuscheln hinzu, flambiert mit Cognac und läßt 2 Minuten ziehen.
Danach werden Crevetten, Muscheln und Weißwein beigegeben.
Man nimmt die Meeresfrüchte heraus und stellt sie warm.
Der Sud wird eingekocht; man fügt den Rahm hinzu und läßt bis zur gewünschten Konsistenz weiter einkochen.
Man gibt die Meeresfrüchte in die Sauce und bindet mit Hummerbutter. Mit Salz, frischgemahlenem Pfeffer und Zitronensaft abschmecken.
Die Spinatnudeln werden in Butter geschwenkt und zusammen mit Meeresfrüchten und der Sauce angerichtet. Den geriebenen Parmesankäse serviert man für sich.

Schalen- und Muscheltiere

Jakobsmuscheln mit Schnittlauchsauce
Coquilles St-Jacques à la crème de ciboulette

Zutaten für 4 Personen

- 16 Jakobsmuscheln (480 g netto)
- 2 g feingehackte Schalotte
- 10 g Butter
- 1 dl trockener Weißwein
- 1 dl Gemüsefond
- 1 dl Vollrahm
- 80 g Butter (zum Binden)
- 5 g Schnittlauchpüree
-   Salz und frischgemahlener Pfeffer
-   ein wenig feingehackter Schnittlauch zum Garnieren

Die aufgestemmten Jakobsmuscheln legt man ein paar Minuten auf die heiße Herdplatte, damit sie sich vollständig öffnen, und nimmt dann mit einem Suppenlöffel Muschelfleisch und Rogen heraus. Fleisch und Rogen werden sorgfältig voneinander getrennt und gründlich gewaschen.
Man dünstet die Schalotte in Butter und löscht mit dem Weißwein ab.
In die Flüssigkeit gibt man die gewürzten Muscheln; nicht länger als 1 Min. ziehen lassen, da sie sonst trocken und zäh werden. Zum Schluß fügt man den Rogen hinzu.
Aus dem Sud nehmen und warmstellen.
Nun kommen Gemüsefond und Rahm dazu, und man läßt bis zur gewünschten Konsistenz einkochen.
Allmählich die Butter und das Schnittlauchpüree hineinrühren, dann mit Salz und Pfeffer abschmecken.
Die Sauce wird in eine Schüssel gegossen, in die man die Muscheln legt. Man garniert mit gehacktem Schnittlauch und legt den Rogen als Garnitur obenauf.

Schalen- und Muscheltiere

Jakobsmuscheln mit Safransauce
Coquilles St-Jacques au safran

Zutaten für 4 Personen

- 16 Jakobsmuscheln (480 g netto)
- 5 g gehackte Schalotte
- 20 g Butter
- Salz und frischgemahlener Pfeffer
- 1 dl Fischfond
- 1 dl Weißwein
- 3 dl Vollrahm
- etwas Safranblüte
- 60 g Tomate, in Würfel geschnitten
- gehackte Petersilie

Man stemmt die Muscheln mit einem starken Messer auf und legt sie für ein paar Minuten auf die heiße Herdplatte, damit sie sich vollständig öffnen. Muscheln und Rogen mit einem Suppenlöffel herausnehmen, sorgfältig voneinander trennen und gründlich waschen. Die Muscheln werden halbiert und auf ein trockenes Tuch gelegt.
Man dünstet die gehackte Schalotte in Butter, ohne sie braun werden zu lassen.
Die gewürzten Muscheln und der Rogen kommen hinzu, dann mit Fischbrühe und Weißwein ablöschen, und alles 1 Min. ziehen lassen. Muscheln und Rogen herausnehmen und warmstellen.
Der Sud wird eingekocht. Man fügt Rahm und Safran bei und läßt bis zur gewünschten Konsistenz einkochen. Tomatenwürfel und gehackte Petersilie hinzufügen, mit Salz und Pfeffer abschmecken. Muscheln und Rogen werden in die Sauce gelegt.

Garnelen mit Hummersauce Maître Cola
Scampi sautés Maître Cola

Meister Cola war von 1969 bis 1970 zweiter Küchenchef im Palace Hotel von St. Moritz. Eine phantastische Küche! Trüffeln und Gänseleber wurden in großen Mengen verwendet. Allein am Silvesterabend 1969 wurden 50 Kilo Kaviar verbraucht.

Zutaten für 4 Personen

2,4 kg	Garnelen mit Schale
	Salz und frischgemahlener Pfeffer
5 g	feingehackte Schalotte
20 g	Butter
0,2 dl	Cognac
2 dl	Weißwein
2 dl	Hummersauce (Rezept Seite 59)
3 dl	Vollrahm
20 g	Basilikumbutter (Rezept Seite 71)
2	mittelgroße Seezungenfilets, in Streifen geschnitten
1	Ei
	Paniermehl
2	Artischockenböden, in je 4 Teile geschnitten
1 dl	Öl (zum Fritieren)

Die Garnelen werden geschält und der in Butter gedünsteten Schalotte beigefügt. Mit Cognac flambieren.
Mit Weißwein ablöschen, den Topf zudecken und 1 bis 2 Min. ziehen lassen.
Dann nimmt man die Garnelen heraus und stellt sie warm.
Der Sud wird eingekocht. Hummersauce und Rahm hinzufügen und bis zur gewünschten Konsistenz weiter einkochen lassen.
Man rührt die Basilikumbutter hinein und schmeckt mit Salz und Pfeffer ab.
Die Seezungenstücke werden mit Ei und Paniermehl paniert und fritiert, die Artischockenböden aufgewärmt.
Die Garnelen werden in die Mitte einer runden Schüssel gelegt und mit der Sauce übergossen. Man garniert sie mit fritierter Seezunge und Artischockenböden.

Schalen- und Muscheltiere

Garnelen mit Pernod-Sauce
Scampi amoureuses

Zutaten für 4 Personen

600 g	Garnelen ohne Schale
	Salz und frischgemahlener Pfeffer
30 g	Butter
5 g	feingehackte Schalotte
0,2 dl	Pernod
1 dl	trockener Weißwein
1 dl	Fischfond
3 dl	Vollrahm
	ein paar gehackte Estragonblätter
60 g	Butter (zum Binden)

Die gewürzten Garnelen werden mit der feingehackten Schalotte in Butter gedünstet. Mit Pernod flambieren.
Man fügt den Weißwein bei, deckt den Topf zu und läßt 2 bis 3 Min. ziehen.
Die Garnelen herausnehmen und warmstellen.
Der Weißwein wird eingekocht, bevor man die Fischbrühe dazugibt. Dann läßt man die Flüssigkeit nochmals zur Hälfte einkochen. Rahm und Estragonblätter beifügen und bis zur gewünschten Konsistenz einkochen lassen. Die Butter hineinmischen, mit Salz und Pfeffer abschmecken.

Gratinierte Krebsschwänze mit Holländischer Sauce
Ecrevisses au gratin

Zutaten für 4 Personen

- 48 Krebse
- 1 Bouquet garni (Estragon, Petersilie und Dill)
- 20 g Krebsbutter (Rezept Seite 73)
- 0,4 dl Cognac
- 4 dl Vollrahm
- 5 dl Holländische Sauce (Rezept Seite 62)
- Salz und frischgemahlener Pfeffer

Man pochiert die Krebse mit dem Bouquet garni kurz in siedendem Salzwasser.
Dann bricht man die Krebsschwänze aus und stellt sie warm.
Die Krebse werden in der geschmolzenen Krebsbutter schnell geröstet und mit Cognac flambiert.
Dann fügt man zwei Drittel des Rahms hinzu und läßt kurz aufkochen.
Die Krebse werden aus der Sauce genommen und in eine feuerfeste Form gelegt.
Die Sauce kocht man bis zur gewünschten Konsistenz ein. Mit Salz und Pfeffer abschmecken.
Dann mischt man sie mit der Holländischen Sauce und zieht den Rest des Rahms darunter.
Die Krebse werden mit der Sauce übergossen und im Ofen oder unter dem Grill gratiniert.

Anmerkung
Es ist wichtig, die Krebse nur 1 Min. zu kochen, so daß sie halbroh bleiben, sonst werden sie zäh.

Miesmuscheln mit Fenchel
Cassoulette de moules au fenouil

Zutaten für 4 Personen

- 2 kg Miesmuscheln
- 5 g feingehackte Schalotte
- 30 g Butter
- 2 dl trockener Weißwein
- 100 g feingeschnittener Fenchel
- 1 dl Fischwasser (Court Bouillon)
- 3 dl Vollrahm
- 60 g Butter (zum Binden)
- Salz und frischgemahlener Pfeffer
- Cayennepfeffer
- ein wenig feingeschnittener Schnittlauch
- einige Fenchelblätter, fein gehackt

Die Miesmuscheln werden reingeschrubbt und gründlich gewaschen. Man dünstet die Schalotte und fügt die Muscheln hinzu.
Weißwein, Fischwasser (nicht Fischbrühe!) und Fenchel dazugeben, zudecken und aufkochen lassen. Der Sud wird passiert und eingekocht.
Die Muscheln werden aus der Schale genommen. Man entfernt den Bart und stellt sie warm.
Der eingekochten Brühe wird der Rahm beigefügt, worauf man die Sauce bis zur gewünschten Konsistenz einkochen läßt.
Allmählich die feste Butter einrühren.
Die Muscheln werden in die Sauce gelegt. Mit Salz, Pfeffer und Cayennepfeffer abschmecken und mit Schnittlauch und Fenchelblättchen bestreuen. Sofort auftragen.

Brioches mit Meeresfrüchten
Brioches navigateur

Zutaten für 4 Personen

- 4 Brioches, Durchmesser 8 cm (Rezept Seite 51)
- 2 g feingehackte Schalotte
- 20 g Butter
- Salz und frischgemahlener Pfeffer
- 220 g Seeteufel, filetiert und in Streifen von 10 g geschnitten
- 1 Seezunge (ungefähr 500 g), filetiert und in Streifen von je 10 g geschnitten
- 8 Garnelen ohne Schale
- 4 Jakobsmuscheln, halbiert
- 50 g kleine Champignons
- 2 dl Weißwein
- 1 dl Sherry
- 2 dl Hummersauce
- 3 dl Vollrahm
- 1 dl Holländische Sauce

Man höhlt die Brioches aus und stellt die Deckel beiseite.
Die Schalotte wird in Butter geschmort, ohne daß sie bräunt.
Man gibt die gewürzten Fische, Krabben, Muscheln und Champignons dazu und schmort sie durch.
Mit Weißwein und Sherry ablöschen, zudecken und 2 bis 3 Minuten kochen lassen.
Die Brühe wird durchgeseiht und eingekocht. Dann fügt man Hummersauce und Rahm hinzu und läßt bis zur gewünschten Konsistenz weiter einkochen.
Die Meeresfrüchte kommen in die Sauce. Aufkochen lassen und nach Geschmack mit Salz und Pfeffer nachwürzen.
Mit dem Ragout füllt man die ausgehöhlten, warmen Brioches, bedeckt sie mit Holländischer Sauce und bäckt sie kurz bei Oberhitze.
Dann setzt man die Deckel auf und serviert sofort.

Fleischgerichte

Die Qualität des Fleisches hängt sehr davon ab, in welchem Zustand das Tier geschlachtet worden ist. Die Muskeln werden steif, wenn ein Tier, das nicht an Bewegung gewöhnt ist, zum Schlachthof geführt wird. Viele Tiere ermüdet schon eine kleine körperliche Anstrengung. Dann wird das Fleisch klebrig und wabbelig. Das ist sogar bei Jungvieh zu beobachten. Diesen Defekt kann man verhindern, indem man das Tier vor dem Schlachten körperlicher Bewegung aussetzt, es schonend transportiert und dann ausruhen läßt, wobei es zuckerhaltiges Futter bekommen muß. Derartige Maßnahmen sind jedoch begrenzt, weil sie Kosten verursachen und infolgedessen unwirtschaftlich sind.
Fleisch sollte nie aufs Geratewohl zerschnitten werden. Das Bindegewebe zwischen allen Muskeln erleichtert die Abtrennung der verschiedenen Teile. Dann können die unter der Haut gelagerten Fettschichten und Sehnen mühelos entfernt werden. Es bleiben kompakte Muskeln mit gleichmäßiger Faserung zurück. Fleisch wird klebrig-zäh, wenn es Feuchtigkeit ausgesetzt ist. Darum muß es allem Dampf und verdunstenden Produkten ferngehalten werden.

Rindfleisch
Erstklassiges Rindfleisch ist rot, aber nicht zu dunkel. Als Zeichen vollendeter Mast ist es zu betrachten, wenn die Niere in eine dicke Fettschicht eingebettet ist, die nicht zu gelb sein darf. Ferner zeigt «marmoriertes» Fleisch — es ist von Fettadern durchzogen — an, daß das Tier nicht zu schnell gemästet worden ist. Vor der Verwendung muß Rindfleisch 15 bis 21 Tage abhängen.

Kalbfleisch
Das richtig gemästete, das heißt nur mit Milch ernährte Kalb hat rosigweißes Fleisch. Die Nieren sind vollständig in weißes Fett eingebettet. Das Fleisch zu junger oder nicht richtig gemästeter Kälber zerfällt beim Kochprozeß. Kalbfleisch muß vor der Verwendung 8 bis 10 Tage abhängen.

Fleischgerichte

Lammfleisch
Viele Köche ziehen Lammfleisch dem Rind- und Schweinefleisch vor, weil es zarter ist und einen ausgeprägteren Eigengeschmack hat. Aber in bezug auf die Vorliebe der Herkunft gehen die Ansichten auseinander. Die einen bevorzugen Lämmer aus den Küstengebieten von Großbritannien, Schottland und der Normandie, wo sich die Schafe von meersalzhaltigem Gras ernähren, die andern hingegen Bergschafe, die würzige Kräuter zu sich nehmen. Das Fleisch der weißen Berglämmer ist fast das ganze Jahr hindurch erhältlich.
Das beste Lammfleisch stammt von Schäfchen, die noch nicht ganz ausgewachsen, sondern erst zehn Monate alt sind. Milchlämmer, das heißt Lämmer, die noch nicht grasen, sondern nur saugen, gibt es nur im Frühling. Diese Lämmer haben weißes Fleisch. Damit der besondere Geschmack nicht verdeckt wird, sollte man Lammfleisch möglichst natürlich zubereiten. Wie alle Fleischsorten muß auch Lammfleisch einige Tage abhängen; dadurch wird es zarter und schmackhafter.

Schweinefleisch
Gutes Schweinefleisch ist rosa und leicht marmoriert. Es darf niemals dunkelrot und wässerig sein. Es muß 5 bis 6 Tage abhängen.

Entrecôte
Entrecôte sautée Dorchester

Zutaten für 4 Personen

- 4 Entrecôtes (je 180 g)
  zerstoßene weiße und schwarze Pfefferkörner
- 0,5 dl Erdnußöl
- 0,4 dl Cognac
- 2 dl brauner Kalbsfond
- 2 dl Rahm
- 40 g Butter (zum Binden)
- 3 g grüne Pfefferkörner
- 3 g rote Pfefferkörner
  Salz und frischgemahlener Pfeffer

Man würzt die geputzten Entrecôtes mit zerstoßenen weißen und schwarzen Pfefferkörnern sowie mit Salz.
Sie werden auf beiden Seiten in heißem Öl gebraten.
Vom Feuer nehmen und warmstellen.
Die Sauce wird entfettet und mit Cognac flambiert. Dann fügt man die Kalbsbrühe hinzu und läßt um die Hälfte einkochen. Mit Butter binden. Rahm beifügen und bis zur erwünschten Konsistenz einkochen.
Erst vor dem Auftragen — sonst wird die Sauce zu scharf — fügt man die grünen und roten Pfefferkörner hinzu und gießt die Sauce über die Entrecôtes.

Rinderfilet mit Hühnermousseline und Madeirasauce
Cœur de filet de bœuf soufflé

Zutaten für 4 Personen

- 4 Rinderfilets (je 160 g)
- Salz und frischgemahlener Pfeffer
- 0,2 dl Erdnußöl
- 4 Scheiben Gänseleber (je 15 g)
- 120 g Geflügelmousseline (Rezept Seite 49)
- ein Stück Schweinenetz
- 2 dl Madeirasauce (Rezept Seite 66)

Die geputzten Filets werden gewürzt und auf der einen Seite schnell in Öl gebraten.

Auf die angebratene Seite legt man eine Gänseleberscheibe und bestreicht diese mit Geflügelmousseline. Alles in das Netz einpakken.

In einer geeigneten Form werden die Filets bei mäßiger Hitze im Ofen gebraten.

Beim Anrichten übergießt man sie mit Madeirasauce. Sofort auftragen.

Fleischgerichte

Rinderfiletstreifen mit grünem Pfeffer
Célestine de bœuf au poivre vert

Zutaten für 4 Personen

- 640 g Rinderfilet, in feine Streifen geschnitten
- 0,2 dl Erdnußöl
- 0,2 dl Cognac
- 10 g feingehackte Schalotte
- 1,5 dl Rotwein
- 3 dl brauner Kalbsfond
- 2 dl Vollrahm
- 50 g Butter (zum Binden)
- 5 g grüne Pfefferkörner
-      Salz und frischgemahlener Pfeffer

Man schneidet das Rindfleisch in feine Streifen und brät sie kurz in heißem Öl, ohne sie allzu gar werden zu lassen. Mit Cognac flambieren, das Fett entfernen und das Fleisch aus der Pfanne nehmen. Feingehackte Schalotte und Rotwein kommen nun in die Pfanne, und man läßt einkochen. Hierauf fügt man die Kalbsbrühe hinzu und läßt um die Hälfte einkochen.
Den Rahm darunter ziehen und mit Butter binden.
Man nimmt die Sauce vom Feuer, gibt die grünen Pfefferkörner hinein und schmeckt mit Salz und Pfeffer ab.
Das Fleisch wird mit der Sauce gemischt. Sofort auftragen.

Verschiedenes gemischtes Kalbfleisch
Trianon de veau grillé

Rezept Seite 188

Kalbskotelett mit pochiertem Ei
Côte de veau Jockey Club

Rezept Seite 193

Fleischgerichte

Rinderfilet mit Mark und Rotweinsauce
Rosette de bœuf Grand Hôtel

Zutaten für 4 Personen

- 4 Tournedos (je 160 g) — (Rinderfiletscheiben)
- Salz und frischgemahlener Pfeffer
- 0,1 dl Erdnußöl
- 100 g Mark, in Würfel geschnitten
- ein wenig gehackte Petersilie
- 10 g Weißbrotbrösel
- 5 dl Weißwein
- 4 blanchierte Markknochen (ungefähr 1 cm dick)

Die geputzten Tournedos werden nach Geschmack gegrillt und warmgestellt.
Man mischt Mark, Petersilie, Brösel und Weißwein gründlich.
Diese Garnitur wird rings um die Tournedos gelegt, und man setzt sie noch 6 bis 7 Min. lang der Oberhitze aus.
Sie werden auf den Markknochen angerichtet; das ist nicht nur originell, sondern es verhindert auch, daß die Tournedos auf einer Wärmeplatte zu gar werden.
Die Rotweinsauce, die für sich serviert wird, bereitet man folgendermaßen zu:

Rotweinsauce
- 10 g feingehackte Schalotte
- 5 g Butter
- 3 dl Rotwein
- ein wenig Thymian
- 3 dl brauner Kalbsfond
- 40 g Butter (zum Binden)
- Salz und frischgemahlener Pfeffer

Die Schalotte wird in Butter gedünstet, ohne daß sie Farbe annimmt. Mit Rotwein ablöschen, Thymian hinzufügen und zur Hälfte einkochen lassen. Man fügt die Kalbsbrühe hinzu, läßt zur gewünschten Konsistenz einkochen und bindet die Sauce mit Butter.

Kleine Rinderfilets mit Schalotte
Mignons de bœuf aux échalottes

Zutaten für 4 Personen

    8   Rindermignons (je 80 g)
          Salz und frischgemahlener Pfeffer
0,4 dl Erdnußöl
 15 g Butter
 40 g feingehackte Schalotte
1,5 dl Rotwein
  3 dl brauner Kalbsfond
 40 g Butter (zum Binden)

Man würzt die Mignons mit Salz und Pfeffer und brät sie auf beiden Seiten in heißem Öl.
Das Fleisch herausnehmen und warmstellen.
Man entfernt das Fett, gibt die Butter hinzu und schmort die feingehackte Schalotte, ohne daß sie Farbe annimmt.
Mit Rotwein ablöschen und einkochen lassen. Man gibt die dunkle Kalbsbrühe dazu und läßt die Sauce einkochen, bis sie die gewünschte Konsistenz hat.
Mit Butter binden und nach Geschmack mit Salz und Pfeffer würzen.
Die Mignons werden mit der Sauce übergossen und sofort serviert.

Fleischgerichte

Grilliertes Rinderkotelett mit Kräutern
Côte de bœuf marinée aux herbes du jardin

Zutaten

1	Rippenstück (1,4 kg)

Marinade
1 dl	Olivenöl
1	Thymianzweiglein
1	Rosmarinzweiglein
4	Salbeiblätter
8	Basilikumblätter
	ein wenig Knoblauch
	Salz und grobzerstoßener schwarzer Pfeffer
	ein wenig Gartenkresse
3 dl	Foyot-Sauce (Rezept Seite 69)
	Fleischextrakt (Rezept Seite 42)

Das Rippenstück wird 12 Stunden lang in Öl, Thymian, Rosmarin, Salbei, Basilikum und Knoblauch mariniert. Es muß häufig gewendet werden.

Man würzt das Fleisch mit Salz und grobgestoßenem Pfeffer und grillt es auf allen Seiten. Damit der Saft nicht herausrinnt, läßt man den Braten vor dem Aufschneiden 10 Min. lang ruhen.

Beim Anrichten garniert man mit Rosmarin (man kann ihn in Butter schmoren, wodurch der Geschmack verstärkt wird) und mit Gartenkresse.

Die mit Fleischextrakt garnierte Foyot-Sauce wird separat serviert.

Fleischgerichte

Gefüllte Lammkeule in Blätterteig
Gigot d'agneau farci en croûte

Zutaten für 4 Personen

1	Lammkeule (1,5 kg)
200 g	Lammnieren ohne Fett, Haut und Nerven
	Salz und frischgemahlener Pfeffer
1 g	Kräutermischung
20 g	Butter
0,2 dl	Madeira
1	Knoblauchzehe
0,2 dl	Olivenöl
250 g	Blätterteig (Rezept Seite 54)
1	Eigelb

Kräutermischung

50 g	Thymian	
30 g	Pfefferkraut	
25 g	Rosmarin	
10 g	Knoblauch, fein gehackt	entstielt und
25 g	Estragon	feingehackt
20 g	Majoran	
5 g	Salbei	
20 g	Petersilie	

Man entfernt die beiden Hauptknochen aus der Lammkeule, ohne ins Fleisch zu schneiden, und putzt die Keule.
Die Lammnieren werden halbiert und mit Salz, Pfeffer und Kräutermischung gewürzt. Kurz in Butter braten (bis sie rosa sind).
Man nimmt die Nieren aus der Pfanne, schüttet das Fett ab, gibt Madeira hinein, läßt ein wenig einkochen und fügt die Nieren wieder hinzu. Die Lammkeule wird mit den Nieren gefüllt und mit Knoblauch gespickt. Man bindet sie sorgfältig zusammen, damit sie eine hübsche Form erhält.
Sie wird auf allen Seiten mit Salz und Pfeffer gewürzt und in Öl im Backofen gebraten. Dann läßt man sie auf einem Gitter abkühlen.
Man umhüllt die Keule sorgfältig mit Blätterteig, der mit Eigelb bestrichen wird. Bei gleichmäßiger Hitze von ungefähr 230 °C 20 bis 25 Min. lang im Ofen backen.

Lamm-Mignons mit Portweinsauce
Mignons d'agneau au Porto

Zutaten für 4 Personen

- 8 Lamm-Mignons (je 70 g) vom Rücken
- Salz und frischgemahlener Pfeffer
- 30 g Butter
- 15 g feingehackte Schalotte
- 0,5 dl brauner Kalbsfond
- 1,5 dl Vollrahm
- 50 g Butter (zum Binden)
- Blattspinat (Rezept Seite 236)

Jedes Fleischstück wird seitlich mit einem Kochfaden zusammengebunden und mit Salz und Pfeffer gewürzt. Man schmort die Mignons auf beiden Seiten in heißer Butter, fügt die gehackte Schalotte bei, deckt die Pfanne zu und läßt das Fleisch bei mäßiger Hitze 2 bis 3 Min. ziehen.
Dann entfernt man den Faden und stellt die Mignons warm.
Die Butter wird abgegossen und der Fond mit Portwein abgelöscht. Nun kommt der braune Kalbsfond dazu, den man einkochen läßt. Den Rahm hineinrühren, aufkochen und mit Butter binden.
Die Sauce wird nun durch ein Haarsieb oder ein Tuch passiert und nach Geschmack mit Salz und Pfeffer abgeschmeckt.
Die Mignons auf Blattspinat anrichten und mit der Sauce übergießen.

Gekochter Lammrücken mit Gemüse
Selle d'agneau pochée aux légumes

Zutaten für 4 Personen

600 g	Lammrücken ohne Knochen
3 dl	weißer Kalbsfond
3 dl	Lammfond
50 g	Butter
80 g	Zwiebel, geschält, geviertelt und aufgebrochen
80 g	rote Zwiebel, geschält, geviertelt und aufgebrochen
150 g	Lauch, in diagonale Scheiben geschnitten
140 g	grobgehackte Weißkohlblätter
100 g	kleiner Rosenkohl, in einzelne Blätter zerteilt
	etwas Petersilie, Schnittlauch und Basilikum, feingehackt
	Salz und frischgemahlener Pfeffer

Der enthäutete und geputzte Lammrücken wird in Stücke geschnitten.
Man kocht Kalbs- und Lammbrühe auf und läßt sie ein bißchen einkochen.
Zwiebeln, Lauch, Kohl und Rosenkohl werden in siedendem Salzwasser überwellt. Man nimmt das Gemüse heraus und trocknet es ab.
Die Fleischstücke werden in die Brühe gegeben und 10 Min. ziehen gelassen. Dann nimmt man sie heraus und legt sie auf ein Gitter.
Das blanchierte Gemüse wird in die Brühe zurückgegeben und zum Kochen gebracht.
Die Fleischstücke hinzufügen.
Die frischgehackten Kräuter zuletzt beigeben und mit Salz und Pfeffer abschmecken.
Das Gemüse wird herausgenommen und in einer Schüssel arrangiert. Ganz kurz vor dem Anrichten schneidet man das Fleisch in 1 cm dicke Stücke und legt sie auf das Gemüse. Sofort auftragen.

Fleischgerichte

Lammragout mit Safransauce
Blanquette d'agneau au safran

Zutaten für 4 Personen

800 g	Lammfleisch (Brust und Schulter)
6 dl	Lammfond
1 dl	Weißwein
150 g	Suppengrün (Zwiebel, Karotte, Sellerie, ¼ Lorbeerblatt, Petersilienstiele)
	einige Safranfäden
2	Eigelb
3 dl	Vollrahm
50 g	Butter (zum Binden)
0,1 dl	Zitronensaft
	Salz und frischgemahlener Pfeffer
50 g	Karotte
50 g	weiße Rübe
50 g	feine grüne Bohnen
30 g	glasierte Perlzwiebeln

knackig gekocht (in Salzwasser)

Das geputzte Fleisch wird in Stücke von je 40 g geschnitten, in Salzwasser blanchiert, abgekühlt und gewaschen.
Dann bringt man es in Lammbrühe und Weißwein zum Kochen und schäumt ab. Suppengrün und Safran werden hinzugefügt; leise köcheln lassen, bis das Fleisch zart ist, wobei man ab und zu das Fett entfernt und abschäumt.
Man nimmt das gare Fleisch heraus, streicht die Brühe durch ein feines Sieb und läßt sie zur Hälfte einkochen.
Man mischt die Eigelb mit dem Rahm, rührt die Mischung in die Brühe und bindet mit der Butter, wobei die Sauce nicht mehr kochen darf.
Zitronensaft beigeben, mit Salz und Pfeffer abschmecken.
In einer Schüssel werden die Fleischstücke mit der Sauce übergossen, und man garniert ringsum mit den Rüben, den Bohnen, Karotten und Perlzwiebeln.

Fleischgerichte

Piccata Cavalieri
Piccata de veau Cavalieri

Zutaten für 4 Personen

- 12 kleine Kalbsschnitzel (je 30 g)
  Salz und frischgemahlener weißer Pfeffer
  ein wenig Mehl
- 2 Eier
- 20 g geriebener Parmesankäse
- 0,4 dl Olivenöl
- 40 g Butter
- 200 g Tomaten, in kleine Würfel geschnitten
- 80 g Mozzarella, in Scheiben geschnitten
- 0,2 dl Vollrahm
- 300 g Spinatnudeln (Rezept Seite 57)
- 3 dl Madeirasauce (Rezept Seite 66)
- 20 g Butter (zum Binden)

Man würzt die flachgeklopften Schnitzel, bestäubt sie mit Mehl und wälzt sie in den mit Parmesan zusammengeschlagenen Eiern. Sie werden in Olivenöl und Butter goldbraun gebraten.

Die Tomatenwürfelchen, deren Saft möglichst abgegossen wird, schmort man in Butter und legt sie auf die Schnitzel. Die Mozzarellascheiben werden auf die Tomaten gelegt und mit Rahm beträufelt. Die Schnitzel kommen unter den Grill, bis der Käse geschmolzen ist. Sie werden auf den *al dente* gekochten Spinatnudeln angerichtet.

Fleischgerichte

Kalbsmignons mit Sauerampfersauce
Mignons de veau à l'oseille

Zutaten für 4 Personen

- 12   Kalbsmignons (je 50 g)
-       Salz und frischgemahlener Pfeffer
- 0,2 dl Erdnußöl
- 20 g   Butter
- 0,4 dl weißer Kalbsfond

Sauce
- 10 g   Butter
- 2 g   feingehackte Schalotte
- 40 g   Tomaten, in Würfel geschnitten
- 0,5 dl Weißwein
- 0,3 dl Noilly Prat
- 2 dl   weißer Kalbsfond
- 1,5 dl Vollrahm
- 40 g   Butter (zum Binden)
- 20 g   Sauerampfer, in etwa 3 cm breite Streifen geschnitten
-        Salz und frischgemahlener Pfeffer

Die Kalbsmignons werden gewürzt und in Öl und Butter auf beiden Seiten gebraten, bis sie leicht gebräunt sind.
Man nimmt das Fleisch heraus und stellt es warm.
Das Fett wird abgegossen. Den Fond löscht man mit Kalbsbrühe ab und läßt die Flüssigkeit zur Hälfte einkochen.
Die Sauce wird folgendermaßen zubereitet:
Man dünstet die feingehackte Schalotte in der Butter, fügt die Tomatenwürfel hinzu und läßt weiterschmoren.
Weißwein und Noilly Prat hinzufügen und einkochen lassen. Dann kommt die Kalbsbrühe dazu, und man läßt nochmals einkochen.
Der Rahm wird hineingerührt und die Sauce durch ein Haarsieb gestrichen.
Sauerampfer hinzufügen und mit Salz und Pfeffer abschmecken.
Die Kalbsmignons werden in die Sauce gelegt. Sofort auftragen.

Kalbsmedaillons mit Orange und Zitrone
Médaillons de veau à l'orange et au citron

Zutaten für 4 Personen

- 8 Kalbsmedaillons (je 70 g)
  Salz und frischgemahlener weißer Pfeffer
- 40 g Butter
- 1 dl Weißwein
- 2 dl brauner Kalbsfond
- 3 dl Rahm
  etwas Orangen- und Zitronensaft
- 8 kleine Scheiben Orange ohne Schale
- 8 kleine Scheiben Zitrone ohne Schale

ein wenig abgeriebene Orangen- und Zitronenschale (vorher blanchiert)

Die gewürzten Kalbsmedaillons werden in Butter auf beiden Seiten goldbraun gebraten.
Das Fleisch wird herausgenommen und warmgestellt, die Butter abgegossen.
Man löscht den Fond mit Weißwein ab, fügt die Kalbsbrühe hinzu und läßt einkochen.
Den Rahm hineinrühren und bis zur gewünschten Konsistenz einkochen lassen.
Man fügt Orangen- und Zitronensaft hinzu und würzt mit Salz und Pfeffer.
Die Sauce wird über das angerichtete Fleisch gegossen.
Man garniert jedes Medaillon mit einer Orangen- und einer Zitronenscheibe und streut kurz vor dem Auftragen ein wenig abgeriebene Orangen- und Zitronenschale darüber.

Fleischgerichte

Kalbskotelett mit gefüllten Morcheln
Côte de veau sautée aux morilles farcies

Zutaten für 4 Personen

- 4 Kalbskoteletten (je 180 g)
- 20 g Butter
- 1 dl Portwein
- 4 dl brauner Kalbsfond
- 40 g Butter (zum Binden)
- 12 gefüllte Morcheln (Rezept Seite 252)

Die geputzten und gewürzten Koteletten werden sorgfältig in Butter gebraten.

Man nimmt sie aus der Pfanne, entfernt die Butter und löscht den Fond mit Portwein ab. Dann fügt man die Kalbsbrühe hinzu und läßt die Sauce zur gewünschten Konsistenz einkochen.

Allmählich mit Butter binden und nach Geschmack mit Salz und Pfeffer würzen.

Man garniert mit den gefüllten Morcheln und serviert sofort.

Fleischgerichte

Geschnetzeltes Kalbfleisch mit Pilzsauce
Emincé de veau belle forestière

Zutaten für 4 Personen

600 g	Kalbsfilet, in Scheibchen geschnitten
	Salz und frischgemahlener Pfeffer
20 g	Butter
2 dl	Weißwein
2 dl	brauner Kalbsfond
3 dl	Vollrahm
50 g	kleine Pfifferlinge (Eierschwämme)
50 g	Steinpilze
50 g	Champignons
2 g	feingehackte Schalotte
	gehackte Petersilie
30 g	Butter (zum Binden)

Pfifferlinge, Steinpilze, Champignons: sauber geputzt und klein geschnitten

Die gewürzten Fleischstückchen schmort man in Butter, ohne daß sie bräunen. Man läßt sie dann in einem Sieb abtropfen.

Der Fond wird mit Weißwein gelöscht. Ein wenig einkochen lassen und mit Kalbsbrühe auffüllen. Zum Kochen bringen und den Rahm hineinrühren. Man läßt die Sauce einkochen, bis die gewünschte Konsistenz erreicht ist.

Die Pilze werden gründlich gewaschen: Sie werden zusammen mit der Schalotte in Butter geschmort.

Fleisch, Pilze und gehackte Petersilie kommen nun in die Sauce, die mit fester Butter gebunden und mit Salz und Pfeffer abgeschmeckt wird. Sofort auftragen.

Fleischgerichte

Kalbsfilet mit Gänseleber
Filet de veau poêlé au foie gras

Zutaten für 4 Personen

1	Kalbsfilet (ungefähr 600 g), gut pariert
	Salz und frischgemahlener Pfeffer
60 g	Bardierspeck
0,2 dl	Erdnußöl
20 g	Butter
25 g	Karotte ⎫
25 g	Zwiebel ⎬ in Würfel geschnitten
25 g	Sellerie ⎭
2 dl	Weißwein
3 dl	brauner Kalbsfond
2 dl	Rahm
40 g	Butter (zum Binden)
80 g	Gänseleber, dünn geschnitten
60 g	Rohschinken, dünn geschnitten

Das gewürzte Kalbsfilet wird bardiert und in Öl gebraten, bis es goldbraun ist.

Man schmort das Gemüse in Butter und gibt es in eine tiefe Pfanne. Das Fleisch kommt dazu, auch Weißwein und Kalbsbrühe, und man läßt es 15 bis 18 Min. im Ofen braten, wobei es häufig begossen wird.

Man nimmt das Fleisch aus der Pfanne und stellt es warm. Der Sud wird eingekocht, dann der Rahm beigefügt und weiter eingekocht, bis die gewünschte Konsistenz erreicht ist. Durch ein Sieb streichen, mit Butter binden und nach Geschmack würzen.

Das Filet schneidet man ohne den Speck in Scheiben. Zwischen die Scheiben legt man die Gänseleberschnitten, welche mit dem gebratenen Rohschinken umwickelt wurden. Die Sauce anrichten und das Fleisch hineingeben.

Fleischgerichte

Verschiedenes gemischtes Kalbfleisch
Trianon de veau grillé

Zutaten für 4 Personen

- 4 Kalbsmignons à 50 g
- 4 Kalbsleberscheiben à 50 g
- 4 Kalbsnierenscheiben à 50 g
- 0,3 dl Öl
- 30 g Butter
- Salz, Pfeffer aus der Mühle
- Madeirasauce (Rezept Seite 66)

Das gut parierte Fleisch mit Salz und Pfeffer würzen, mit Öl beträufeln und auf dem Grill vorsichtig beidseitig grillieren.
In einer Sauteuse die Butter erwärmen und das Fleisch schnell darin drehen (um den Grillgeschmack etwas zu entfernen).
Das Fleisch wird auf einem passenden Geschirr angerichtet und mit Madeirasauce übergossen.
Als Garnitur eignen sich ausgezeichnet Pommes Anna (Rezept Seite 249) und Okra mit Tomaten (Rezept Seite 240)

Anmerkung
Das Kalbfleisch kann durch Rinderfilet ersetzt werden.

Fleischgerichte

Kalbsröllchen gefüllt mit Quark
Paupiettes de veau «weight watchers»

Zutaten für 4 Personen

- 8 Kalbsschnitzel à 40 g
- 150 g Speisequark
- 15 g frisch geriebener Meerrettich
- etwas gehackte Petersilie
- 30 g Butter
- 10 g fein gehackte Schalotte
- 2 dl Apfelwein
- 3 dl brauner Kalbsfond
- Salz, Pfeffer aus der Mühle

Die Kalbsschnitzel dünn klopfen, auslegen und würzen. Dann den mit Meerrettich, Petersilie, Salz und Pfeffer abgeschmeckten Speisequark darauf dressieren und zusammenrollen.
Die Fleischrollen werden vorsichtig mit einem Faden zusammengebunden.
In einem passenden Geschirr die Butter erwärmen und die Schalotten dünsten, jedoch ohne Farbe zu geben, das Fleisch dazugeben und allseitig unter ständigem Begießen 6 bis 8 Min. garen. Dann wird das Fleisch herausgenommen und warmgestellt, der Fettstoff entfernt und der Bratensatz mit dem Apfelwein abgelöscht.
Mit dem Kalbsfond auffüllen und kurz aufkochen.
Die Fleischröllchen anrichten und mit der fein abgeschmeckten und passierten Sauce nappieren.

Kalbsmignons mit Camembert
Mignons de veau au Camembert

Zutaten für 4 Personen

   8   Kalbsmedaillons à 70 g
40 g Butter
1,5 dl Weißwein
  2 dl brauner Kalbsfond
  3 dl Rahm
80 g Camembert-Käse (ohne Rinde) in Scheiben geschnitten
       Salz, weißer Pfeffer aus der Mühle

Die Kalbsmedaillons werden mit Salz und Pfeffer gewürzt und in Butter beidseitig goldgelb gebraten.
Das Fleisch aus der Pfanne nehmen und warm stellen, den Fettstoff entfernen.
Mit Weißwein ablöschen, den braunen Kalbsfond beigeben und reduzieren. Mit dem Rahm auffüllen und zur gewünschten Dicke einkochen lassen.
Die Sauce mit Salz und Pfeffer abschmecken.
Den Camembert-Käse auf die Medaillons legen und diese kurz im Ofen oder unter dem Salamander gratinieren. Dann die gut abgeschmeckte Sauce auf einer Platte anrichten, die mit dem Käse bedeckten Medaillons darauf verteilen und sofort servieren.

Anmerkung
Der Camembert muß gut reif sein, damit er beim Gratinieren leicht über die Kalbsmedaillons fließt.

Kalbsfilet mit Schnittlauchsauce
Filets de veau à la crème de ciboulettes

Rezept Seite 194

Schweinesteak mit Backpflaumen
Steak de porc aux pruneaux

Rezept Seite 203

Kalbskotelett mit pochiertem Ei
Côte de veau Jockey Club

Zutaten für 4 Personen

- 4 Kalbskoteletten à 200 g
- etwas Mehl
- 0,1 dl Öl
- 20 g Butter
- 1 dl Weißwein
- 2 dl brauner Kalbsfond
- 4 pochierte Eier (Rezept Seite 118)
- 4 tournierte Champignonköpfe
- etwas rote Peperoni, klein ausgestochen
- 4 dünn geschnittene Trüffelscheiben
- 6 grüne Spargelspitzen, kurz blanchiert und halbiert
- Salz, Pfeffer aus der Mühle

Die gut parierten Kalbskoteletten mit Salz und Pfeffer würzen und leicht bemehlen. In passendem Geschirr in Öl und Butter beidseitig während ständigem Begießen braun braten, dann aus der Pfanne nehmen und warm stellen.
Den Fettstoff entfernen, mit dem Weißwein ablöschen und reduzieren.
Den braunen Kalbsfond beigeben und zur gewünschten Dicke einkochen lassen.
Durch ein feines Sieb passieren und vorsichtig mit Salz und Pfeffer abschmecken.
Die pochierten Eier herstellen, den fein abgeschmeckten Kalbsfond auf passendes Geschirr anrichten und die Kalbskoteletten darauf dressieren.
Mit den pochierten Eiern, den in Butter gewärmten Spargelspitzen sowie mit den Champignons, Trüffelscheiben und Peperonistükken garnieren.

Fleischgerichte

Kalbsfilet mit Schnittlauchsauce
Filets de veau à la crème de ciboulettes

Zutaten für 4 Personen

- 8 Kalbsfilets à 70 g
- etwas Mehl
- 40 g Butter
- 1 dl Weißwein
- 1,5 dl brauner Kalbsfond
- 2 dl Rahm
- 20 g Schnittlauch, püriert
- wenig Bouillon
- etwas feingeschnittener Schnittlauch
- 40 g Butter zum Montieren
- Salz, Pfeffer aus der Mühle

Garnitur
- 30 g Butter
- 40 g Karotten ⎫
- 40 g Zucchetti ⎬ in Streifen geschnitten
- 40 g Sellerie ⎭
- 50 g feine grüne Bohnen
- 50 g Blumenkohlröschen
- 50 g Pois mange-tout
- 20 g Puffbohnen
- Salz, Pfeffer aus der Mühle

Die Kalbsfilets mit Salz und Pfeffer würzen und leicht bemehlen. In passendem Sautoir die Filets in Butter beidseitig goldgelb braten, herausnehmen und warmstellen, Fettstoff entfernen.

Mit dem Weißwein ablöschen und reduzieren, dann den Kalbsfond und den Rahm beigeben und leicht einkochen lassen. Alles durch ein feines Sieb passieren und den mit wenig Bouillon pürierten Schnittlauch sowie den fein geschnittenen Schnittlauch beigeben. Mit der festen Butter binden und abschmecken.

Die Sauce in ein passendes Geschirr geben und die saftig gebratenen Kalbsfilets darauf dressieren.

Mit den blanchierten und in Butter sautierten und abgeschmeckten Gemüsen gefällig garnieren.

Fleischgerichte

Kalbsbries (Milken) mit Spinat
Ris de veau aux feuilles d'épinards

Zutaten für 4 Personen

600 g	frisches Kalbsbries
15 g	Butter
100 g	Karotten, in Scheiben geschnitten
50 g	feingehackte Zwiebel
10 g	feingehackte Schalotte
1	Knoblauchzehe, ungeschält
1	Thymianzweiglein
1	Lorbeerblatt
	Salz und frischgemahlener Pfeffer
1 dl	Noilly Prat
2,5 dl	Vollrahm
40 g	grobgehackter Sauerampfer
100 g	junger Spinat, blanchiert
50 g	Butter (zum Binden)

Das gut gewässerte Kalbsbries wird blanchiert, sofort abgekühlt, enthäutet und geputzt.
Auf den Boden einer eingebutterten Pfanne legt man Karotte, Zwiebel und Schalotte, darauf das Kalbsbries und würzt mit Knoblauch, Thymian, Lorbeerblatt, Salz und Pfeffer.
Zudecken und im Ofen im eigenen Saft langsam schmoren lassen.
Das Kalbsbries wird herausgenommen und warm gestellt.
Man löscht mit Noilly Prat ab und läßt ein wenig einkochen. Der Rahm wird hineingerührt, aufkochen und die Sauce durch ein Haarsieb streichen. Dann soll sie mit dem Sauerampfer 2 bis 3 Min. ziehen. Ganz allmählich die Butter hinzufügen und gut mit Salz und Pfeffer würzen.
Das Kalbsbries wird in gleichmäßige Scheiben geschnitten und in der Sauce angerichtet.
Man schwenkt den Spinat in Butter, schmeckt ihn mit Salz und Pfeffer ab und verwendet ihn als Garnitur.

Fleischgerichte

Kalbsbries (Milken) mit Trüffeln und Gemüse
Ris de veau piqués à la vapeur

Zutaten für 4 Personen

700 g	frisches Kalbsbries
3 dl	weißer Kalbsfond
40 g	Zwiebel
20 g	Karotte — in Würfel geschnitten
30 g	Lauch
20 g	Sellerie
1	kleines Lorbeerblatt
	ein wenig Petersilie und Basilikum
60 g	Schinken, in dicke Streifen geschnitten
10 g	Trüffeln, in ganz feine Streifen geschnitten
1 dl	Weißwein
1 dl	Sherry
30 g	Butter (zum Binden)
	Salz und frischgemahlener weißer Pfeffer

Das Kalbsbries wird mehrere Stunden gewässert, wobei man das Wasser häufig wechselt; dann wird es blanchiert und enthäutet.
In der Kalbsbrühe läßt man Gemüse, Lorbeerblatt, Petersilie und Basilikum 5 Min. lang sieden.
Das geputzte Kalbsbries wird mit Trüffel- und Schinkenstreifen belegt.
Man passiert die Brühe, fügt Weißwein hinzu und läßt das Kalbsbries im Dampf garen. Dann wird es warmgestellt.
Die Brühe wird bis auf ein Drittel eingekocht. Man gießt Sherry zu und bindet mit fester Butter. Mit Salz und Pfeffer abschmecken.
Das Kalbsbries wird in Scheiben geschnitten und in der Sauce angerichtet.

Anmerkung
Auch zu dieser Speise ist junger, in Butter geschwenkter Blattspinat eine geeignete Beigabe.

Fleischgerichte

Kalbsniere mit Weinessig
Rognons de veau au vinaigre de vin

Zutaten für 4 Personen

4	Kalbsnieren (je ungefähr 140 g)
	Salz und frischgemahlener Pfeffer
30 g	Butter
30 g	feingehackte Schalotte
2 dl	Rotwein
0,5 dl	Rotweinessig
3 dl	brauner Kalbsfond
50 g	Butter (zum Binden)
40 g	Karotten
40 g	Lauch — in Julienne-Streifen geschnitten
40 g	Sellerie
10 g	Butter (für das Gemüse)

Das äußere Fett und der innere Nerv der Nieren werden entfernt. Man würzt die Nieren, brät sie in Butter an, deckt sie zu und läßt sie noch 5 bis 6 Min. im Ofen weiterbräunen. Dann werden sie herausgenommen und warmgestellt.

Das Fett wird abgegossen. Man gibt ein wenig Butter in die Pfanne und läßt die gehackte Schalotte darin ziehen. Mit Rotwein und Rotweinessig ablöschen und gut einkochen lassen, sonst schmeckt die Sauce sauer. Dann gießt man die Kalbsbrühe zu und läßt bis zur gewünschten Konsistenz weiter einkochen.

Mit Butter binden und nach Geschmack mit Salz und Pfeffer würzen.

Die Nieren werden in der Schüssel mit der Sauce übergossen. Man garniert sie mit dem in Butter geschmorten Julienne-Gemüse.

Fleischgerichte

Kalbsniere mit Senfsauce
Rognons de veau à la moutarde

Zutaten für 4 Personen

4	Kalbsnieren mit ein wenig Fett (ungefähr je 140 g)
	Salz und frischgemahlener Pfeffer
30 g	Butter
0,5 dl	Calvados
1 dl	brauner Kalbsfond
3 dl	Vollrahm
10 g	Dijon-Senf

Man schneidet die Nieren in etwa 1 cm dicke Scheiben, entfernt den inneren Nerv, ohne das äußere Fett wegzuschneiden.
Die Nierenscheiben werden auf beiden Seiten in Butter gebraten, dann mit Calvados flambiert. Man nimmt sie heraus und stellt sie warm.
Mit Kalbsbrühe ablöschen und ein wenig einkochen lassen.
Man fügt den Rahm hinzu, bringt schnell zum Kochen, rührt den Senf hinein und schmeckt mit Salz und Pfeffer ab.
Die Nieren werden in der Schüssel mit der Sauce übergossen.

Anmerkung
Es ist wichtig, daß die Nierenscheiben rosa bleiben. Auf keinen Fall darf man sie in der Sauce kochen lassen, sonst werden sie zäh.

Fleischgerichte

Kalbsleber mit Zwiebeln und Madeirasauce
Foie de veau vénétien

Zutaten für 4 Personen

600 g	Kalbsleber
40 g	Butter
100 g	feingehackte Zwiebel
2 dl	Madeira
1	gehacktes Salbeiblatt
2 dl	brauner Kalbsfond
50 g	Butter (zum Binden)
	Salz und frischgemahlener Pfeffer

Man enthäutet die Leber und entfernt die Nerven. Man schneidet sie schräg in ungefähr 3 cm dicke Scheiben.
Unter fortwährendem Rühren werden die Zwiebeln in Butter gedünstet, bis sie goldbraun sind.
Man löscht mit 1,5 dl Madeira ab, fügt das Salbeiblatt hinzu und läßt um die Hälfte einkochen. Dann mit Kalbsbrühe auffüllen und bis zur gewünschten Konsistenz einkochen.
In einer Pfanne erhitzt man 20 g Butter, in der die gewürzten Leberscheiben zwei- bis dreimal geschwenkt werden. Man fügt sie dann ohne die Butter der Sauce zu und rührt über mittlerer Hitze 30 g feste Butter mit einem Holzlöffel hinein. Der übrige Madeira kommt dazu, mit Salz und Pfeffer abschmecken. Die Leber wird in der Sauce aufgetragen.

Fleischgerichte

Schweinemedaillons mit Western-Sauce
Médaillons de filet de porc sauce Western

Zutaten für 4 Personen

- 8 Schweinemedaillons (je 70 g), gut geputzt
  Salz und frischgemahlener weißer Pfeffer
  etwas Mehl
- 0,2 dl Olivenöl
- 20 g Butter
- 0,4 dl Weißwein
- 3 dl Western-Sauce (Rezept Seite 61)

Man würzt die Fleischstücke mit Salz und Pfeffer und bestäubt sie leicht mit Mehl.
Öl und Butter werden in der Pfanne langsam erhitzt. Darin werden die Medaillons allmählich auf beiden Seiten gebraten. Herausnehmen und warmstellen.
Man gießt das Fett ab, löscht den Fond mit Weißwein ab und läßt einkochen. Diese Sauce wird der Western-Sauce beigefügt. Beim Anrichten werden die Medaillons mit der Sauce übergossen.

Schweinemignons mit Roquefortsauce
Mignons de filet de porc au Roquefort

Zutaten für 4 Personen

8	Schweinemignons (je 70 g), gut geputzt
0,2 dl	Olivenöl
20 g	Butter
2	ungeschälte Knoblauchzehen
1	Zweiglein Rosmarin
40 g	junge Karotten, in Stäbchen geschnitten
40 g	Stangensellerie, in Stäbchen geschnitten
50 g	feine, grüne Bohnen
	Salz und Pfeffer aus der Mühle

Sauce

10 g	Butter
5 g	feingehackte Schalotte
0,4 dl	trockener Weißwein
0,3 dl	Apfelwein
1 dl	brauner Kalbsfond
0,5 dl	Vollrahm
40 g	Roquefortkäse, zerdrückt
	Salz und frischgemahlener Pfeffer

Die gewürzten Mignons werden zusammen mit Knoblauch und Rosmarin in dem erhitzten Fett (Olivenöl und Butter) bei mäßiger Hitze auf beiden Seiten gebraten. Sie müssen saftig bleiben. Man nimmt sie heraus und stellt sie warm. Das Fett wird abgegossen.
In derselben Pfanne dünstet man die feingehackte Schalotte in 10 g Butter. Mit Weißwein und Apfelwein ablöschen und einkochen lassen.
Man füllt mit Kalbsbrühe auf und läßt zur Hälfte einkochen.
Passieren, aufkochen und den Rahm hineinrühren.
Der Roquefort wird hinzugefügt, und man schmeckt die Sauce mit Salz und Pfeffer ab.
Karotte, Sellerie und Bohnen, die man in Salzwasser knackig gekocht hat, werden der Sauce nun beigefügt.
Die Mignons werden in die Sauce gelegt. Sofort auftragen.

Fleischgerichte

Schweinekotelett mit Brunnenkresse
Côte de porc au cresson

Zutaten für 4 Personen

- 4 Schweinekoteletten gut pariert à 180 g
- 0,2 dl Öl
- 30 g Butter
- 20 g feingehackte Schalotten
- 1 dl Apfelwein
- 3 dl Rahm
- 250 g Brunnenkresse (einzelne Blätter abzupfen, waschen und abtropfen)
- etwas Dijon-Senf
- wenig Zitronensaft
- Salz, Pfeffer aus der Mühle

Das Öl sowie 20 g der Butter in passendem Geschirr erhitzen, die mit Salz und Pfeffer gewürzten Koteletten dazugeben und beidseitig unter ständigem Beträufeln mit dem Fettstoff schön braun braten.
Das Fleisch herausnehmen und warm stellen, den Fettstoff entfernen und die restlichen 10 g Butter dazugeben, die Schalotten darin dünsten, ohne ihnen jedoch Farbe zu geben.
Mit Apfelwein ablöschen und reduzieren lassen. Hierauf den Rahm sowie die grob gehackte Kresse dazugeben und etwa 3 bis 4 Min. einkochen lassen.
Den Senf beigeben und mit dem Zitronensaft verfeinern.
Mit Salz und Pfeffer abschmecken.
Das Fleisch anrichten und mit der Sauce übergießen.
Die angerichteten Koteletten können mit einigen ganzen Kresseblättern garniert werden.

Fleischgerichte

Schweinesteak mit Backpflaumen
Steak de porc aux pruneaux

Zutaten für 4 Personen

- 8 Schweinesteaks, gut geputzt, à 70 g
- 8 kleine, entsteinte Backpflaumen
- etwas Mehl
- 0,2 dl Olivenöl
- 20 g Butter
- 1 dl Weißwein
- 1,5 dl brauner Kalbsfond
- 30 g Butter, zum Montieren
- Salz, Pfeffer aus der Mühle

Für die Garnitur:
- 20 g Butter
- 50 g Karotten ⎫ knackig gekocht
- 50 g Weißrübe ⎭
- 8 kleine, entsteinte Backpflaumen, blanchiert
- etwas gehackte Petersilie

Die Backpflaumen werden mit kaltem Wasser bedeckt und auf den Siedepunkt gebracht. Vom Feuer nehmen und 30 Min. ziehen lassen. Sodann abschütten, die Backpflaumen halbieren und auf einem Tuch trocknen.

Die Schweinesteaks werden nun mit acht blanchierten und halbierten Backpflaumen beidseitig vorsichtig gespickt, mit Salz und Pfeffer gewürzt und mit Mehl leicht bestäubt. In einer Sauteuse Öl und Butter erhitzen, die Schweinesteaks hineinlegen und langsam auf beiden Seiten braten, indem man sie ständig mit Saft begießt.

Das Fleisch warm stellen. Das Bratenfett abschütten, den Satz mit dem Weißwein ablöschen und etwas einkochen. Der Kalbsfond wird beigegeben, die Sauce zur gewünschten Dicke eingekocht, und mit der Butter gebunden. Passieren und mit Salz und Pfeffer abschmecken.

Karotten und Weißrüben sowie die acht verbleibenden blanchierten und halbierten Backpflaumen in der Butter gut dünsten und über die Steaks anrichten. Das Gericht wird mit der frisch gehackten Petersilie garniert und sofort aufgetragen.

Fleischgerichte

Schweinefrikassee mit Lauch
Fricassé de porc aux poireaux

Zutaten für 4 Personen

800 g	Schweinefleisch (Hals, Schulter) in 30 g schwere Stücke geschnitten
0,4 dl	Öl
1	Knoblauchzehe
200 g	feingeschnittene Zwiebeln
20 g	Paprika edelsüß
400 g	junger Lauch in Streifen geschnitten
3 dl	Kalbsbrühe (Rezept Seite 37)
1	Kräutersträußchen
1 dl	Sauerrahm
	Salz, Pfeffer aus der Mühle

Die Zwiebeln in Öl während 8 bis 10 Min. glasig dünsten, dann das mit Salz und Pfeffer gewürzte Fleisch dazugeben und weiterdünsten. Sobald die Flüssigkeit fast eingedünstet ist, den Knoblauch, Paprika und das Kräutersträußchen beigeben und mit der Kalbsbrühe auffüllen. Zugedeckt etwa 20 Min. garen lassen. Dann den gut gewaschenen Lauch beigeben und kurz aufkochen. Den Sauerrahm darunter mischen, mit Salz und Pfeffer abschmecken und sofort servieren.

Geflügelgerichte

Man unterscheidet zwischen gezüchtetem und wildem Geflügel. Das letztgenannte wird, genau genommen, zum Wild gezählt. Wildes Geflügel ist weniger fett, da die Tiere mehr Bewegung haben.
Geflügel ist nicht nur schmackhaft, sondern es enthält auch wichtige Nährstoffe, vor allem Protein, Vitamine und Mineralstoffe (Eisen und Phosphor).
Der Farbunterschied, ob helles oder dunkles Fleisch, spielt in bezug auf die Qualität keine Rolle, hingegen das Alter des Tiers.
Junges Geflügel, das von der guten Küche bevorzugt wird, ist daran zu erkennen, daß es lange Beine, weiche Haut und einen spannkräftigen (nicht verknöcherten) Brustknochen hat. Die Krallen sind nicht abgenutzt, der Kamm ist rot, die Luftröhre weich und biegsam.
Junges Wildgeflügel hat ebenfalls einen weichen Brustknochen, einen nicht allzu harten Schnabel und Daunen unter den Federn. Junge Rebhühner müssen gelbe Füße haben. Für Fasane ist die beste Zeit zwischen Oktober und Anfang Februar. Wird der Fasan bei zu hoher Temperatur oder zu lange gekocht, wird er trocken. Um dies zu verhindern, sollte man ihn bardieren, das heißt, man bedeckt die Brust mit dünnen Speckscheiben. Fasane dürfen höchstens zwei Tage hängen; am besten werden sie sofort zubereitet.
Alte Hennen, die an einem kleinen, matten Kamm und, wenn sie gebrütet haben, an roten Flecken unterhalb der Brust zu erkennen sind, verwendet man als Suppenhühner.
Unter einer Poularde ist ein Masthuhn zu verstehen.

Geflügelgerichte

Mit Mango gefüllte Masthuhnbrüste
Blanc de volaille à la mangue

Zutaten für 4 Personen

- 4 Poulardenbrüste ohne Haut (je 150 g)
  Salz und frischgemahlener Pfeffer
- 120 g Mango, in Würfel geschnitten
- 2 Eier
- 50 g Kokosflocken
- 50 g Weißbrotbrösel
- 50 g geklärte Butter
- 200 g Zucchetti, blanchiert und in Scheiben geschnitten
- 200 g Karotten
- 20 g Butter
  ein wenig Zucker

Die enthäuteten und geputzten Poulardenbrüste werden der Länge nach aufgeschnitten. Die Seitenstücke lösen und die Brüstchen leicht klopfen und würzen. Mit den Mangowürfeln füllen und die Seitenstücke darüber legen. Mit Mehl bestäuben, mit den geschlagenen Eiern bepinseln. Man mischt nun Brösel und Kokosflocken und dreht die Brüstchen in der Mischung.
In der geklärten Butter, die nicht zu heiß sein darf, werden sie goldbraun gebraten.
Die in Butter geschmorten Zucchettischeiben werden mit glasierten Karotten gemischt. Zum Glasieren läßt man das Gemüsewasser fast vollständig einkochen und gibt etwas Zucker hinein.
Die Hühnerbrüste werden auf dem Gemüse angerichtet, mit brauner Butter beträufelt und sofort aufgetragen.

Masthuhnbrüste mit Pilzsauce
Blanc de volaille sous cloche

Zutaten für 4 Personen

4	Poulardenbrüste ohne Haut (je 160 g)
	Salz und frischgemahlener Pfeffer
40 g	Butter
1 dl	Weißwein
3 dl	Vollrahm
50 g	Butter (zum Binden)
3 dl	Geflügelfond
200 g	kleine rohe Champignons

Die Poulardenbrüste würzen und in Butter dämpfen, ohne daß sie braun werden. Man gießt die Butter ab, fügt Weißwein hinzu und läßt einkochen.
Geflügelfond und Champignons dazugeben, zum Kochen bringen, zudecken und leicht kochen lassen, bis das Fleisch gar ist.
Man nimmt die Poulardenbrüste heraus und stellt sie warm.
Dann rührt man den Rahm in die Brühe, die man bis zur gewünschten Konsistenz einkochen läßt.
Die Sauce sorgfältig mit fester Butter binden und mit Salz und Pfeffer abschmecken.
Man legt die Poulardenbrüste auf gewärmte Teller, übergießt sie mit der Sauce und stülpt eine kleine Glasglocke darüber.

Geflügelgerichte

Masthuhnbrüste in Teig Paul Bocuse
Blanc de volaille Paul Bocuse

Dieses Gericht ist Paul Bocuse gewidmet, den ich für einen der größten Köche halte. Sein kulinarischer Einfluß macht sich weltweit geltend, und ich schätze mich glücklich, daß ich unter ihm arbeiten konnte. Seine Küche, in der alles wie am Schnürchen läuft, bringt die köstlichsten Gerichte hervor. Paul Bocuse ist bekannt für seinen Fleiß, und er hat den Spitznamen «Ansporner» erhalten. Ihm gebührt Dank für das, was er für unseren Beruf getan hat.

Zutaten für 4 Personen

- 4 Poulardenbrüste (je 130 g)
- Salz und frischgemahlener Pfeffer
- 20 g Butter
- 60 g feingehackte rohe Champignons
- 60 g Geflügelmousseline (Rezept Seite 49)
- 4 halbe Pfannkuchen (Rezept Seite 251)
- 200 g Blätterteig (Rezept Seite 54)
- 1 Eigelb
- 1,5 dl Trüffelsauce (Rezept Seite 63)

Die gewürzten Hühnerbrüste werden in Butter gebraten, ohne daß sie bräunen.
Man mischt die gehackten Champignons mit der Geflügelmousseline und würzt mit Salz und Pfeffer. Die Mischung wird auf die abgekühlten Hühnerbrüste gelegt.
Man bedeckt jede Hühnerbrust mit einem halben Pfannkuchen und rollt sie ordentlich in Blätterteig ein. Es ist wichtig, daß die Geflügelknochen mit eingewickelt werden. Außerdem muß man darauf achten, daß der Teig nicht mit dem Fleisch in Berührung kommt, sonst ist es sehr schwer, ihn richtig durchzubacken.
Die Teighülle wird mit Eigelb bestrichen. Man läßt die eingefüllten Hühnerbrüste 30 Minuten lang stehen, dann werden sie bei 200° Hitze 12 bis 15 Minuten lang im Ofen gebacken.
Die Trüffelsauce wird für sich serviert.

Mit Mango gefüllte Masthuhnbrüste
Blanc de volaille à la mangue

Rezept Seite 206

Gegrillte Entenbrust Nossi-Bé
Poitrine de canard grillé — Nossi-Bé

Rezept Seite 219

Geflügelgerichte

Perlhuhnbrust mit schwarzen und grünen Oliven
Suprême de pintadeaux aux olives noires et vertes

Zutaten für 4 Personen

- 2 junge Perlhühner (je 1,2 kg)
- Salz und frischgemahlener Pfeffer
- 0,2 dl Olivenöl
- 20 g Butter
- 0,5 dl Madeira

Sauce
- 10 g feingehackte Schalotte
- 10 g Butter
- 0,5 dl Weißwein
- 40 g gedämpfte Tomatenwürfel (Rezept Seite 74)
- 2 dl Perlhuhnfond (mit dem Gerippe zubereitet)
- 2 dl Madeirasauce (Rezept Seite 66)
- 8 schwarze Oliven ohne Kern, in Würfel von ½ cm geschnitten
- 8 grüne Oliven ohne Kern, in Würfel von ½ cm geschnitten
- 8 grobgehackte Estragonblätter
- 40 g Butter (zum Binden)
- Salz und frischgemahlener Pfeffer

Die Perlhühner werden gerupft, abgesengt und ausgenommen. Die Brust trennt man sorgfältig ab, beklopft sie leicht und würzt sie mit Salz und Pfeffer. Die Brüste werden in Olivenöl und Butter saftig gebraten und warmgestellt. Das Fett gießt man ab. Man löscht den Fond mit Madeira ab, läßt ihn ein wenig einkochen und fügt ihn der Sauce bei. Man übergießt die Brüste mit der Sauce.
Die Sauce wird folgendermaßen zubereitet:
Die gehackte Schalotte wird in der Butter gedünstet, ohne daß sie Farbe annimmt. Weißwein hinzufügen und zum Kochen bringen. Dann kommen Tomaten und Perlhuhnbrühe dazu, und man läßt zur Hälfte einkochen. Madeirasauce dazugeben und kochen lassen, bis eine leicht dickflüssige Sauce entstanden ist. Oliven und Estragon beifügen, mit Butter binden und mit Salz und Pfeffer abschmecken.
Die Perlhuhnbrüste legt man im vorgewärmten Teller in die Sauce. Sofort auftragen.

Geflügelgerichte

Masthuhnbrüste mit Banane
Délice de volaille farci à la banane

Zutaten für 4 Personen

- 4 Poulardenbrüste ohne Haut und Knochen (je ungefähr 100 g)
- ein paar Tropfen Angostura-Bitter
- Salz und frischgemahlener Pfeffer
- 4 Scheiben Schinken, dünn geschnitten
- 50 g Butter
- 4 kleine Bananen
- etwas Mehl
- 1 Ei
- 100 g Weißbrotbrösel
- 2 dl Currysauce (Rezept Seite 70)

Die Brüste werden flachgedrückt und mit Salz, Pfeffer und Angostura-Bitter gewürzt.
Man schmort die Schinkenscheiben schnell in Butter und legt sie auf das Fleisch.
Man zerschneidet die Bananen (wenn nötig, längs ausstechen), legt sie auf den Schinken und rollt alles sorgfältig zusammen. Mit Mehl, Ei und Brösel panieren.
Dann in Butter, die nicht zu heiß sein darf, goldbraun braten.
Die Currysauce wird separat serviert.

Anmerkung
Es empfiehlt sich, die Hühnerbrüste, ganz oder in Scheiben geschnitten, auf Reis anzurichten.

Gedämpfte Stubenküken
Coquelet à la vapeur

Zutaten für 4 Personen

- 4 Stubenküken
- 200 g Kalbsbries (Milken)
- 160 g Hühnerfleisch
- 50 g gehackte Zwiebel
- 20 g Butter
- 120 g Champignons, in Würfel geschnitten
- 50 g Morcheln
- Salz und frischgemahlener Pfeffer
- 1 dl Portwein
- 4 dl Geflügelfond
- 30 g Karotten, in Streifen geschnitten
- 40 g Spargelspitzen
- 30 g feine grüne Bohnen, blanchiert
- 10 g Perlzwiebeln, blanchiert
- 5 g frische Morcheln (zum Garnieren)

Sauce
- 10 g Karotten ⎱ in Streifen geschnitten
- 10 g Zucchetti ⎰
- 10 g Champignons
- 100 g Karottenkraut
- 3 dl Geflügelfond
- 20 g Weichkäse
- 1 dl Vollrahm
- Zitronensaft
- Salz und frischgemahlener Pfeffer

Kalbsbries und Hühnerfleisch werden enthäutet und geputzt.
Man dünstet die Zwiebel in Butter, fügt Bries, Hühnerfleisch, Champignons und Morcheln hinzu und würzt mit Salz und Pfeffer. Dann gießt man Geflügelbrühe und Portwein zu und läßt sachte kochen.
Bries, Hühnerfleisch, Champignons und Morcheln werden herausgenommen, abgekühlt und dann in kleine Würfel geschnitten. Die Brühe wird stark eingekocht.

Geflügelgerichte

Man mischt die Bries-, Hühnerfleisch, Champignons- und Morchelstücke gründlich, fügt sie der Sauce zu und füllt die ausgenommenen Küken mit der Mischung.
Sie werden in Alufolie gewickelt und etwa 20 Minuten lang über Dampf gegart.
Kurz vor dem Ende der Kochzeit kommt das Gemüse dazu, das *al dente* gedämpft wird.
Die Küken werden in die Sauce gelegt und mit dem Gemüse garniert.
Die Sauce bereitet man folgendermaßen zu:
Das gewaschene Gemüse kocht man im Geflügelfond. Abkühlen lassen und pürieren.
Man erhitzt das Püree und verdünnt es, wenn nötig, mit etwas Geflügelbrühe.
Das Karottengrün wird entstielt, gewaschen, blanchiert, püriert und der Sauce beigegeben. Zuletzt kommen Weichkäse und Rahm hinein.
Mit Zitronensaft, Salz und Pfeffer abschmecken.

Stubenküken mit Gemüse vom Grill
Poussin aux légumes grillés

Zutaten für 4 Personen

- 4 Stubenküken
- 2 dl Olivenöl
- 220 g neue Kartoffeln, geschält und in Scheiben geschnitten
- 200 g Broccoli, in Stücke geschnitten
- 100 g junge Karotten mit Grün
- 120 g kleine Zucchetti
- 100 g junger, zarter Lauch, in etwa 6 cm lange Stücke geschnitten
- 100 g gedünstete Tomaten
- Salz und frischgemahlener Pfeffer

Man schneidet die Küken am Rücken auf, drückt sie flach und trennt die Beine ab, die anderweitig verwendet werden können. Mit Salz und Pfeffer würzen.

Die Küken und das Gemüse werden ungefähr 30 Minuten lang in Öl mariniert, aber getrennt.

Beides wird auch getrennt bei mäßiger Hitze gegrillt. Das Gemüse salzt man erst kurz vor dem Anrichten.

Küken und knusprig gegrilltes Gemüse werden hübsch arrangiert, die gedämpften Tomaten nach Geschmack würzen und separat servieren.

Geflügelgerichte

Masthuhn nach römischer Art
Pollo alla Romana

Zutaten für 4 Personen

- 1 Masthuhn (2,2 kg)
- 40 g geschmolzenes Hühnerfett
- 50 g Zwiebel, in Scheiben geschnitten
- 1 feingehackte Knoblauchzehe
- 100 g frische Champignons
- 100 g rote
- 100 g grüne ⎫ Paprikaschoten, in Viertel geschnitten
- 100 g gelbe
- 200 g Tomaten, in Würfel geschnitten
- 2 dl Weißwein
- 6 dl Geflügelfond
- etwas frischer Thymian, Majoran und Rosmarin
- 4 Basilikumblätter
- gehackte Petersilie
- Salz und frischgemahlener Pfeffer

Das ausgenommene Huhn wird in 8 Stücke zerlegt.
Man brät die Fleischstücke in Hühnerfett, fügt Zwiebel, Knoblauch, Champignons und Paprikaschoten hinzu und mischt gut.
Dann bringt man alles mit Weißwein, Geflügelbrühe und Tomatenwürfeln zum Kochen.
Die vier Kräuter beifügen, zudecken und bei mäßiger Hitze im Ofen 10 Minuten lang kochen lassen. Dabei ist darauf zu achten, daß die Paprikaschoten der Farbe wegen nicht zerkocht werden.
Man nimmt Hühnerstücke und das Gemüse heraus, läßt die Sauce zur gewünschten Konsistenz einkochen, schmeckt mit Salz und Pfeffer ab und richtet die Speise in einer Schüssel gefällig an. Die Sauce wird darüber gegossen. Mit gehackter Petersilie bestreuen.

Geflügelgerichte

Masthuhn mit Krebsen
Poularde sautée aux écrevisses

Zutaten für 4 Personen

- 1 Poularde (ungefähr 2,2 kg)
- Salz und frischgemahlener Pfeffer
- 40 g geschmolzenes Hühnerfett
- 40 g Mirepoix
- 2 dl Weißwein
- 4 dl Geflügelfond
- 2 dl Rahm
- 2 dl Krebssauce (Rezept Seite 60)
- 50 g Butter (zum Binden)
- 0,3 dl Cognac
- 10 g Morcheln, sorgfältig gewaschen
- 5 g Butter (zum Braten der Morcheln)
- 8 Krebse, die geschälten Krebsschwänze für sich

Die ausgenommene Poularde wird in 8 Teile zerlegt.
Die gewürzten Fleischstücke brät man in Hühnerfett, ohne sie zu bräunen. Man fügt die Gemüsewürfel (Mirepoix) hinzu und läßt 5 Minuten lang sorgsam weiterschmoren.
Das Fett abgießen.
Mit Weißwein ablöschen und einkochen lassen. Geflügelbrühe zugießen, zudecken und 5 bis 15 Minuten im Ofen kochen lassen.
Dann nimmt man das Hühnerfleisch heraus und kocht die Brühe zur Hälfte ein.
Rahm und Krebssauce dazugeben und bis zur gewünschten Konsistenz einkochen lassen.
Die Sauce wird durchgeseiht und mit fester Butter gebunden, dann mit Cognac, Salz und Pfeffer abgeschmeckt.
Die Fleischstücke werden beim Anrichten mit der Sauce übergossen. Man garniert mit den in Butter gebratenen Morcheln sowie den vorgewärmten Krebsschwänzen und Krebsen.

Geflügelgerichte

Masthuhnfrikassee mit Weinessig
Fricassée de volaille au vinaigre

Zutaten für 4 Personen

1	Masthuhn (2,2 kg)
	Salz und frischgemahlener Pfeffer
40 g	geschmolzenes Hühnerfett
50 g	feingehackte Schalotte
1,5 dl	Weißweinessig
1 dl	Weißwein
3 dl	heller Geflügelfond
	ein wenig Fleischextrakt
100 g	Tomaten, in Würfel geschnitten
40 g	Butter (zum Binden)
	gehackte Petersilie

Das ausgenommene Huhn wird in 8 Teile zerlegt.
Man würzt die Teile mit Salz und Pfeffer und brät sie in Hühnerfett, ohne daß sie bräunen.
Das Fett wird abgegossen. Man fügt die Schalotte hinzu und dünstet weiter.
Zuerst kommt der Weinessig dazu, dann der Weißwein. Ein wenig einkochen lassen und die Geflügelbrühe zugießen.
Man gibt Fleischextrakt bei und läßt die Flüssigkeit 10 bis 15 Minuten lang im Ofen kochen.
Danach werden die Fleischteile herausgenommen und warmgestellt.
Die Sauce wird um die Hälfte eingekocht und durchgesiebt.
Die Tomatenwürfel hinzufügen, allmählich die feste Butter hineinrühren, mit Salz und Pfeffer abschmecken.
Die Hühnerteile werden in der Schüssel mit der Sauce übergossen und mit etwas gehackter Petersilie bestreut.

Geflügelgerichte

Gegrillte Entenbrust Nossi-Bé
*Poitrine de canard grillé —
Nossi-Bé*

Nossi-Bé ist ein Berg auf der Insel Madagaskar, die für ihren Pfeffer berühmt ist.

Zutaten für 4 Personen

- 2 Enten (ungefähr 2,5 kg)
- Salz und frischgemahlener Pfeffer
- 0,2 dl Erdnußöl
- 20 g Butter
- 30 g Rohzucker
- 2 Äpfel (100 g)
- 0,5 dl Weißwein
- 20 g grüne Pfefferkörner
- 2 dl brauner Entenfond

Kopf und Hals der ausgenommenen Enten werden abgeschnitten, die Beine sorgfältig abgetrennt (für anderweitige Verwendung). Schlüsselbeine und Rückgrate werden herausgeschnitten und zerhackt (man kann die Knochen mitsamt dem Hals für die Zubereitung der Entenbrühe verwenden).
Die flachgedrückten Brüste schneidet man je in 2 Teile. Haut und Knochen entfernen, leicht mit Öl bestreichen und unter dem heißen Grill braten.
Derweil mischt man Butter und Rohzucker und stellt eine leichte Karamelle her, der die geschälten, in je 8 Stücke geschnittenen Äpfel beigefügt werden. Den Weißwein zugießen und 2 bis 3 Minuten lang leicht kochen lassen.
Das Entenfleisch, das nicht zu stark gebraten werden darf — sonst trocknet es aus —, wird auf einer Platte angerichtet und mit den glasierten Äpfeln und den grünen Pfefferkörnern garniert. Die Brühe serviert man separat.

Geflügelgerichte

Fasanenbrüste mit Mandeln
Suprême de faisan aux amandes

Zutaten für 4 Personen

- 2 junge Fasane
- Salz und frischgemahlener Pfeffer
- 120 g ungesalzener Speck (oder Bardierspeck)
- 40 g Butter
- 0,5 dl trockener Sherry
- 50 g Mandelsplitter (nicht geröstet)

Sauce

- Gerippe der Fasanen
- 0,2 dl Erdnußöl
- 10 g Schalotte ⎫
- 30 g Sellerie ⎬ in kleine Würfel geschnitten
- 30 g Karotte ⎭
- ½ Lorbeerblatt
- ½ Thymianzweiglein
- 1,5 dl Weißwein
- 2 dl Wildfond
- 30 g Butter (zum Binden)
- Salz und frischgemahlener Pfeffer

Die Brüste werden sorgfältig von den Karkassen gelöst und mit Salz und Pfeffer gewürzt.
Jede Brust wird für sich in dünne Speckscheiben gewickelt und mit einem feinen Kochfaden zusammengebunden.
Die Hälfte der Butter in der Pfanne zergehen lassen. Darin werden die Fasanenbrüste im heißen Ofen 5 bis 6 Minuten lang gebraten, wobei man sie sehr oft begießt.
Dann nimmt man sie heraus und stellt sie warm.
Das Fett wird weggegossen, der Fond mit Sherry abgelöscht.
Zum Kochen bringen und der Sauce beifügen.
Das Fleisch schneidet man in gleichmäßig dünne Scheiben.
Die Mandelsplitter werden in der übrigen Butter goldbraun geröstet. Man streut sie gleichmäßig über das Fleisch.
Die Sauce, die für sich serviert wird, bereitet man folgendermaßen zu:

Gerippe, Beine und Hals der Fasane werden in kleine Stücke gehackt, die man auf allen Seiten in heißem Öl brät.
Schalotte, Sellerie, Karotte und Kräuter hinzufügen und langsam im Ofen kochen lassen, wobei man öfters kostet, um den Geschmack zu prüfen.
Das Fett abgießen und den Weißwein zugießen.
Die Geflügelbrühe wird hinzugefügt, und man läßt alles ungefähr 30 Minuten lang leicht kochen.
Die Brühe wird abgeseiht und dann bis zur gewünschten Konsistenz eingekocht.
Mit Butter binden und mit Salz und Pfeffer abschmecken.

Rebhühner mit Weintrauben
Perdreau rôti aux raisins de muscat

Zutaten für 4 Personen

- 4 junge Rebhühner
  Salz und frischgemahlener Pfeffer
- 40 g Butter
- 0,3 dl Sherry
- 0,5 dl Wildfond
- 200 g weiße Muskatellertrauben, geschält und entkernt
- 150 g Blätterteig (Rezept Seite 54)

Die ausgenommenen Rebhühner werden zusammengebunden.
Man würzt sie außen und innen mit Salz und Pfeffer.
Dann brät man sie sachte in heißer Butter, bis sie braun, aber nicht ganz gar sind.
Sie werden aus der Kasserolle genommen und vom Faden befreit.
Man gießt das Fett ab und löst den Fond mit Sherry auf, fügt die Brühe sowie die Trauben hinzu und legt die Rebhühner hinein.
Man würzt die Sauce nach Geschmack, deckt die Kasserolle zu und versiegelt den Deckel ringsum mit Blätterteig.
Im heißen Ofen 7 bis 8 Minuten backen.
Die Rebhühner werden in der geschlossenen Kasserolle aufgetragen.

Geflügelgerichte

Gefüllte Wachteln
*Duo de cailles farcies
au riz sauvage*

Zutaten für 4 Personen

8	Wachteln	
	Schweinenetz	
40 g	Butter	
20 g	Karotte	
5 g	Schalotte	feingehackt
20 g	Stangensellerie	
8	Wacholderbeeren	
0,5 dl	Madeira	
2 dl	Geflügelfond	
0,5 dl	Fleischextrakt	

Füllung

- 5 g feingehackte Schalotte
- 10 g Butter
- Leber und Herz der Wachteln, in kleine Würfel geschnitten
- 120 g gekochter wilder Reis (Kochzeit 40 bis 45 Minuten)
- 20 g Äpfel, in kleine Würfel geschnitten
- 0,4 dl Vollrahm
- 1 Eigelb
- ein wenig Thymian

Die Wachteln werden mit einem scharfen Messer im Rücken durchgeschnitten und von den Karkassen getrennt. Leber und Herz stellt man für die Füllung zur Seite.

Man entfernt den Brustknochen und zieht den Oberschenkelknochen heraus. Die Wachteln werden mit Salz und Pfeffer gewürzt und mit der Farce (siehe unten) gefüllt.

Man gibt den Wachteln wieder die ursprüngliche Form und bindet jede mit einem dünnen Faden zusammen. Sie werden einzeln in Schweinenetz gewickelt und gewürzt. Dann werden sie in heiße Butter gelegt und auf beiden Seiten angebraten.

Man fügt das gehackte Gemüse und die Wacholderbeeren hinzu und läßt die Wachteln im heißen Ofen 15 bis 20 Minuten lang knusprig braten, wobei sie fleißig begossen werden.

Man nimmt die Wachteln heraus und stellt sie warm.

Das Fett wird abgegossen, der Fond mit Madeira abgelöscht.
Nun fügt man die Geflügelbrühe hinzu und läßt zur Hälfte einkochen.
Den Fleischextrakt dazugeben, aufkochen lassen und die Sauce durch ein Haarsieb streichen. Mit Salz und Pfeffer abschmecken.
Die Wachteln werden aus dem Netz gewickelt, in eine Schüssel gelegt und mit der Sauce übergossen.
Die Füllung wird folgendermaßen zubereitet:
Man dünstet die Schalotte in Butter, würzt Herz- und Leberteile, brät sie und stellt sie kühl.
Sie werden dann mit dem in viel Salzwasser gekochten wilden Reis und mit den Apfelwürfeln vermischt.
Man fügt Vollrahm hinzu und bindet mit Eigelb. Mit Salz, Pfeffer und Thymian abschmecken.

Wildgerichte

Wildbret ist die Bezeichnung für das Fleisch des Wildes. Zum Haarwild werden gezählt: Reh, Hase, Hirsch, Gemse, usw. Das Fleisch des Haarwildes ist demjenigen der Schlachttiere gleichzustellen. Es hat zartes, weiches Fleisch und ist leicht verdaulich. Im Nährgehalt ist es ebenfalls dem Schlachtfleisch ebenbürtig. Seine Vollwertigkeit erlangt es im Herbst, d. h. während der Jagdzeit.

Reh-Mignons mit Petersilienpüree
Mignons de chevreuil à la purée de persil

Zutaten für 4 Personen

- 12 Reh-Mignons (je 40 g)
- Salz und frischgemahlener Pfeffer
- 20 g Butter
- 2 dl Rotwein (Burgunder)
- 4 dl Wildfond
- 50 g Butter (zum Binden)
- 2 dl Ochsenblut
- 400 g kleine Pfifferlinge (Eierschwämme)
- 3 g feingehackte Schalotte
- 250 g Petersilie ohne Stiel
- 0,5 dl Vollrahm

Die Reh-Mignons werden auf beiden Seiten mit Salz und Pfeffer gewürzt, in der Butter rötlich gebraten und warmgestellt.
Man gießt das Fett ab, löscht den Fond mit Rotwein ab und läßt ihn einkochen.
Dann kommt die Wildbrühe hinzu, und man läßt wieder einkochen. Nach und nach werden Butter und Ochsenblut hineingerührt. Die Sauce darf nicht aufkochen. Sie wird durchgeseiht und nach Geschmack mit Salz und Pfeffer gewürzt.
Die geputzten Pfifferlinge schmort man zusammen mit Schalotte in Butter und würzt sie ebenfalls nach Geschmack.
Die gutgewaschene Petersilie wird mit ein wenig Wasser und Butter gedämpft und dann ohne Wasser püriert. Zum Schluß fügt man den Rahm zu und würzt nach Geschmack mit Salz und Pfeffer.
Die Reh-Mignons werden in der Sauce angerichtet und mit den Pfifferlingen garniert. Das Petersilienpüree serviert man separat.

Wildgerichte

Reh-Medaillons à la Belle Forestière
Médaillons de chevreuil belle forestière

Zutaten für 4 Personen

- 8 Reh-Medaillons (je 70 g)
  Salz und frischgemahlener Pfeffer
- 40 g Butter
- 10 g feingehackte Schalotte
- 100 g kleine Champignons
- 50 g Steinpilze, in Scheiben geschnitten
- 50 g kleine Pfifferlinge (Eierschwämme)
- 50 g kleine Morcheln
- 0,5 dl Cognac
- 1 dl Madeira
- 3 dl Wildfond
- 2 dl Vollrahm
  ein wenig gehackte Petersilie

Die geputzten Reh-Medaillons werden gewürzt und in der Butter auf beiden Seiten gebraten, aber nicht gebräunt.

Das Fett gießt man ab. Die gehackte Schalotte läßt man kurze Zeit in der Pfanne dünsten. Dann fügt man die Pilze hinzu und würzt mit Salz und Pfeffer. Man flambiert die Medaillons mit Cognac und Madeira und fügt danach die Wildsauce hinzu.

Ein wenig einkochen lassen und den Rahm dazugeben. Man läßt die Sauce aufkochen und schmeckt sie ab.

Die Reh-Medaillons werden mit der Sauce übergossen und mit Petersilie garniert.

Wildgerichte

Hasenrücken mit Wildsauce
Râble de lièvre rôti au sang

Zutaten für 4 Personen

- 2 mittelgroße Hasenrücken
- 40 g Butter
- Wildsauce (Rezept Seite 65)

Marinade
- 20 g Karotte ⎫
- 10 g Schalotte ⎬ feingehackt
- 80 g Stangensellerie ⎭
- 2 Wacholderbeeren
- 2 Knoblauchzehen
- ½ Lorbeerblatt
- etwas Thymian
- Salz und frischgemahlener Pfeffer
- 0,5 dl Rotwein

Mit einem Messer entfernt man Sehnen und Nerven aus dem Fleisch.

Man legt die gutgeputzten Hasenrücken in eine tiefe Schüssel. Die Bestandteile der Marinade werden gemischt. Man gießt die Marinade über das Fleisch.

Mit Pergamentpapier zudecken und das Fleisch 12 Stunden lang marinieren.

Dann nimmt man die Hasenrücken heraus und würzt sie leicht mit Salz und Pfeffer.

Sie werden in heißer Butter im vorgeheizten Ofen auf beiden Seiten 10 bis 12 Min. rosa gebraten. Das Fett gießt man ab. Die Marinade etwas einkochen lassen und anschließend passieren. Diese Sauce wird mit der Wildsauce gemischt.

Das Fleisch wird mit einem Teil der abgeschmeckten Sauce übergossen. Den Rest der Sauce serviert man für sich.

Gemüse-, Kartoffel- und Pilzgerichte

Dem Gemüse fällt bei der Zubereitung und Präsentation eines Essens eine bedeutende Rolle zu. Es gibt unzählige Gemüsesorten und Zubereitungsarten, und die Verschiedenheit des Geschmacks ist fast unerschöpflich. Gemüse vervollständigt kleine und große Speisen und ergänzt ein Menü auf vollkommene Weise. Überdies ist es besonders wertvoll wegen seines Gehalts an Vitaminen, Spurenelementen und essentiellen Fetten. Damit nicht genug, es liefert auch den pflanzlichen Rohfasergehalt, der für Verdauung und Stoffwechsel so wichtig ist. Da den Bestandteilen des Gemüses ein unabdingbarer Nährwert zukommt, muß es mit großer Sorgfalt behandelt und zubereitet werden. Frisches Gemüse sollte sofort Verwendung finden, niemals darf es zerkocht werden.
Bei der Zubereitung von grünen Bohnen, Erbsen, Spinat und Spargel sind die folgenden Regeln zu beachten: Man erhitzt viel Wasser, dem man je Liter 10 g Salz beifügt, in einem Topf ohne Deckel. Sobald das Wasser siedet, kommt das Gemüse hinein, und man läßt es die ganze Zeit kochen. Bevor das Gemüse ganz weich ist, nimmt man es schnell heraus, würzt es und trägt es sofort auf, wenn es keiner weiteren Zubereitung bedarf. Man kann es zum Beispiel vorher noch in Butter schwenken. Wenn das Gemüse nicht sofort auf den Tisch kommt, ist es ratsam, es im eigenen Kochwasser oder in Gemüsebrühe auf Eis zu setzen. Das hat den Vorteil, daß es nicht an Geschmack einbüßt.
Immer ist zu bedenken, daß Gemüse knackig sein muß. Wird es zu lange gekocht, so erleiden Aroma, Farbe, Form und Nährwert starke Einbußen. Manche Vitamine werden sogar teilweise oder vollständig zerstört. Chlorophyll und andere Farbstoffe können sich stark verändern. Dem zerkochten Gemüse werden Wasser- und Fettgehalt mehr als nötig entzogen, und das Ergebnis ist ausgetrocknetes, fades Gemüse.

Gemüse-, Kartoffel- und Pilzgerichte

Artischockenböden
Der Stiel der Artischocke muß von Hand abgebrochen werden; wenn man ihn abschneidet, lassen sich die Fasern nicht entfernen. Die Blätter entfernt man eins ums andere; die Spitzen der Artischocken werden mit einem scharfen Messer zu etwa drei Viertel abgeschnitten. Die Spreublättchen und Haare am Boden schabt man vorsichtig mit einem Apfelausstecher oder einem kleinen Löffel weg. Der Artischockenboden sollte eine glatte runde Form behalten, ohne daß zuviel weggeschnitten wird. Man reibt die Artischockenböden mit Zitrone ein und bewahrt sie in kaltem Zitronenwasser bis zum Gebrauch auf.
Gekocht werden Artischockenböden in zwei Phasen. Als erstes bringt man etwas Wasser, dem Zitronensaft, ein wenig Olivenöl und Salz beigefügt werden, zum Kochen und blanchiert darin die Artischockenböden 3 bis 4 Min. Als zweites bringt man Wasser, dem Salz, Kalbsnierenfett und ein wenig Zitronensaft beigefügt werden, zum Kochen. Man gibt die Artischockenböden hinein, deckt den Topf zu und läßt sie leicht kochen bis sie gerade gar sind. In diesem Wasser läßt man sie abkühlen.
Im ersten Wasser, das mehr Zitronensaft enthalten soll, bleiben die Artischockenböden weiß. Im zweiten, das weniger Zitronensaft enthält, behalten sie ihre weiße Farbe, aber ihr Geschmack verbessert sich.
Wenn die Artischockenböden nicht sofort verwendet werden, müssen sie unbedingt in ihrer Brühe abkühlen, sonst verlieren sie ihre weiße Farbe und büssen an Geschmack ein.

Gemüse-, Kartoffel-, Pilzgerichte 230

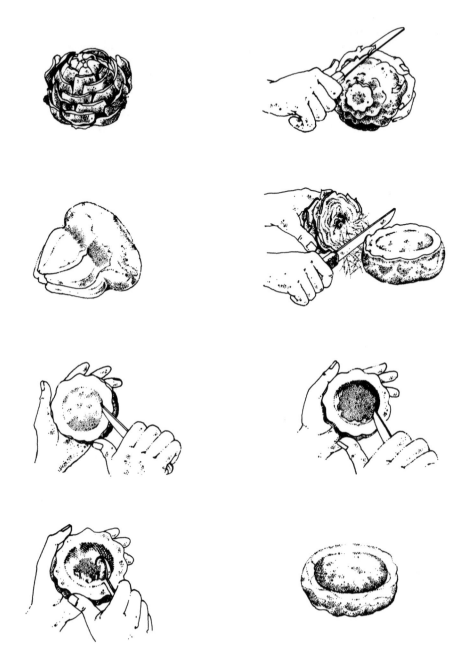

Gemüse-, Kartoffel- und Pilzgerichte

Artischockenpüree
Purée d'artichauts

Zutaten für 4 Personen

350 g	gekochte Artischockenböden
1,5 dl	Vollrahm
30 g	Butter
	ein wenig Zucker
	Salz und frischgemahlener Pfeffer

Die gut abgegossenen Artischockenböden werden durch ein feines Sieb gestrichen. Man kocht den Rahm zur Hälfte ein und mischt ihn mit dem Püree. Zum Schluß rührt man die Butter hinein. Mit Zucker, Salz und Pfeffer abschmecken.

Anmerkung
Dieses delikate Püree eignet sich besonders gut als Beigabe zu Lammgerichten.

Gemüse-, Kartoffel-, Pilzgerichte

Warme Artischocken
Artichauts tièdes

Zutaten für 4 Personen

- 4 große Artischocken
- 3 l Wasser
- 1 Zitrone
- Salz
- 0,2 dl Olivenöl

Die Artischocken werden sauber gewaschen und die unteren Blätter entfernt.

Den Stiel knapp über dem Artischockenboden unter leichter Drehung abbrechen (nicht abschneiden, weil sonst die harten Fasern nicht aus dem Boden gezogen werden können).

Mit einem Messer die Artischockenböden glatt schneiden und mit etwas Zitrone einreiben. Vom oberen Teil der Artischocken ca. 2,5 bis 3 cm waagrecht mit einem scharfen Messer abschneiden, die Spitzen der restlichen Artischockenblätter mit einer Küchenschere stutzen. Jede Artischocke unten und oben mit je einer Zitronenscheibe belegen und mit einem Faden vorsichtig binden.

Das Salzwasser, Zitronensaft und Olivenöl in einem passenden Geschirr (Chromstahl) zum Kochen bringen, die Artischocken hineingeben und 25 bis 30 Min. kochen lassen, nicht zudecken. Artischocken herausnehmen und mit dem Boden nach oben auf einem Gitter abtropfen lassen.

Die ausgekühlten Artischocken vom Faden befreien und die Blätter etwas auflockern.

Mit 3 Fingern (oder mit Hilfe einer Gabel) greift man in die Mitte der Artischocke und zieht vorsichtig die Blüte heraus, welche man auf die Seite legt, um sie später als Dekoration zu verwenden.

Die restlichen Haare, welche sich am Boden befinden, werden mit einem Kaffeelöffel vorsichtig entfernt.

Gemüse-, Kartoffel- und Pilzgerichte

In die Öffnung setzt man die Blüte umgekehrt als Dekoration. Dazu wird Quarksauce serviert.

Anmerkung
Die Artischocken sind dann genügend gekocht, wenn sich ein Blatt mühelos aus dem Boden ziehen läßt oder wenn man mit einem spitzen Messer den Boden leicht durchstechen kann.

Quarksauce mit Kräutern
Zutaten für 4 Personen

150 g	Rahmquark
1	kleiner Becher Joghurt natur
1	Prise Paprika
20 g	Kräuter (Schnittlauch oder Petersilie)
	Salz, Pfeffer aus der Mühle

Quark und Joghurt miteinander verrühren, und mit Paprika, Salz und Pfeffer abschmecken. Die feingehackten Kräuter dazugeben und gut mischen.

Artischockenböden mit frischen Korianderblättern
Fonds d'artichauts aux feuilles de coriandre

Zutaten für 4 Personen

- 6 mittelgroße Artischockenböden
- 1,5 dl Rahm
- 20 g Butter
- 0,5 dl Weißwein
- 1 dl Kalbsbrühe (Rezept Seite 35)
- 20 g feingehackte Schalotte
- etwas Dijon-Senf
- wenig Zitronensaft
- einige frische Korianderblätter
- Salz, Pfeffer aus der Mühle

Die Artischockenböden zubereiten wie auf Seite 232 beschrieben.
Die Schalotten in Butter anziehen, ohne ihnen Farbe zu geben.
Die in Viertel geschnittenen Artischockenböden beigeben und gut dünsten.
Mit dem Weißwein ablöschen und einkochen lassen. Dann die Kalbsbrühe beifügen und das Ganze etwa 10 Minuten zugedeckt garen.
Wenn die Flüssigkeit bis fast zur Glace eingekocht ist, den Rahm beigeben und etwas reduzieren, den Senf daruntermischen und mit Salz und Pfeffer abschmecken. Zum Schluß mit den grob gehackten Korianderblättern garnieren.

Karotten und Spinat in Förmchen
Subric d'épinards et de carottes

Zutaten für 4 Personen

200 g	junge Karotten, geschält
0,5 dl	Vollrahm
20 g	Butter
½	Eiweiß
	Salz und frischgemahlener weißer Pfeffer
	ein Prise Zucker
350 g	junge Spinatblätter
1 dl	Vollrahm
½	Eiweiß
	ein wenig Muskatnuß

Die Karotten werden in wenig Salzwasser gargekocht.
Man püriert sie und zieht Rahm und Butter darunter.
Dann fügt man das leicht geschlagene Eiweiß hinzu, mit Zucker, Salz und weißem Pfeffer abschmecken.
Die Spinatblätter werden in Salzwasser blanchiert. Man läßt sie trocknen.
Sie werden ebenfalls püriert und mit dem Rahm vermischt. Das leicht geschlagene Eiweiß hinzufügen. Mit Salz, weißem Pfeffer und etwas abgeriebener Muskatnuß abschmecken.
Von jedem Püree wird die gleiche Menge in ausgebutterte Förmchen abgefüllt, die man im Ofen 25 bis 30 Min. lang sorgfältig im Wasserbad kochen läßt.

Gemüse-, Kartoffel-, Pilzgerichte

Blattspinat
Epinards en feuilles

Zutaten für 4 Personen

200 g junger Spinat ohne Stiele
  5 g feingehackte Schalotte
  1 Knoblauchzehe mit Schale
20 g Butter
     Salz und frischgemahlener weißer Pfeffer
     Muskatnuß

Die gutgewaschenen Spinatblätter läßt man trocknen.
Schalotte und Knoblauchzehe schmort man in der Butter, ohne daß sie Farbe annehmen.
Die Spinatblätter hinzufügen und dünsten.
Mit Salz, Pfeffer und etwas abgeriebener Muskatnuß abschmekken.
Vor dem Auftragen nimmt man die Knoblauchzehe heraus.

Gratinierter Blattspinat
Gratin de feuilles d'épinards

Zutaten für 4 Personen

- 600 g junger Spinat ohne Stiele
- 10 g feingehackte Schalotte
- 30 g Butter
- 100 g rohe Champignons, in Scheiben geschnitten
- 1 dl Vollrahm
-   Salz und frischgemahlener weißer Pfeffer
-   Muskatnuß
- 40 g frischgeriebener Emmentaler Käse

Der Spinat wird wie im vorigen Rezept zubereitet, nur mit dem Unterschied, daß statt der Knoblauchzehe die Champignons mit der gehackten Schalotte gedünstet werden. Den Rahm beigeben.
Nachdem man den Spinat mit Salz, Pfeffer und etwas abgeriebener Muskatnuß abgeschmeckt hat, kommt er in eine eingefettete Form. Man bestreut ihn mit dem Käse und setzt darauf Butterflöckchen.
Im Ofen unter dem Grill goldbraun backen.

Anmerkung
Es ist wichtig, daß der Spinat durch den Rahm leicht gebunden wird, das heißt, es darf keine Flüssigkeit zurückbleiben.

Junge Krautstiele (Rippenmangold)
Côtes de blette

Zutaten für 4 Personen

800 g	junge, knackig frische Krautstiele
7 dl	Salzwasser
1 dl	Milch
20 g	Butter
2 dl	Rahm
	etwas Zucker
	Salz, Pfeffer aus der Mühle
	Muskat
40 g	frisch geriebener Sbrinz

Die Krautstiele rüsten, die Fasern abziehen und die großen Blätter wegschneiden. Alles in etwa 3 cm breite Streifen schneiden und sauber waschen.
Salzwasser und Milch zusammen aufkochen, die Krautstiele dazugeben und blanchieren, herausnehmen und gut abtropfen lassen.
Die Butter erwärmen, die Krautstiele beifügen und dünsten.
Mit dem Rahm auffüllen und kurz aufkochen.
Etwas Zucker beigeben, mit Salz, Pfeffer und Muskat abschmekken. Das Gemüse in feuerfestem Geschirr anrichten, mit dem Sbrinz bestreuen und unter dem Salamander oder im heißen Ofen kurz gratinieren.

Tomaten-Sorbet
Sorbet aux tomates

Zutaten für 10 Personen

250 g «tomates concassées» (Rezept Seite 74)
 50 g Tomatenpurée
2,3 dl Wasser
 50 g Zucker
0,4 dl Rotweinessig
 ½ Eiweiß
     frisches Basilikum in Streifen geschnitten
     Salz und Pfeffer aus der Mühle

Wasser, Essig und Zucker aufkochen. Dann gibt man die «tomates concassées» und das Tomatenpurée dazu. Alles durch ein Sieb passieren und abschmecken.
Die Masse im Tiefkühler gefrieren lassen und während dieses Prozesses Eiweiß und Basilikum beifügen.
Zum Schluß die Masse in ausgehöhlte Tomaten einfüllen und auf Eis servieren.

Okra mit Tomaten
Okra aux Tomates

Zutaten für 4 Personen

600 g	frische Okra
	Salzwasser
20 g	feingehackte Zwiebel
50 g	Butter
1	Tomate, geschält und in Filets geschnitten
	Salz, Pfeffer aus der Mühle

Die Okra sauber putzen und gründlich waschen. In Salzwasser kurz blanchieren und in kaltem Wasser abschrecken.

Die Zwiebeln in 40 g Butter sorgfältig dünsten, ohne ihnen Farbe zu geben. Dann die Okra beigeben und gut sautieren, mit Salz und Pfeffer abschmecken.

In passendem Geschirr anrichten und mit den in der restlichen Butter gewärmten Tomatenfilets garnieren.

Rosenkohlpüree
Mousseline de choux de Bruxelles

Zutaten für 4 Personen

300 g Rosenkohl
  1 dl Vollrahm
 40 g Butter
       Salz und frischgemahlener weißer Pfeffer

Der geputzte Rosenkohl wird blanchiert.
Man kocht ihn in Salzwasser gar und läßt ihn abkühlen.
Dann wird er im Mixer püriert. Das Püree wird zusammen mit dem Rahm in einem Topf gewärmt, wobei man die Butter darunter zieht und mit Salz und Pfeffer abschmeckt.
Das Püree wird cremig, wenn man einen Schneebesen benutzt.

Gemüse-, Kartoffel-, Pilzgerichte

Bohnenpüree
Purée d'haricots verts

Zutaten für 4 Personen

350 g	grüne Bohnen
	ein wenig Bohnenkraut
0,5 dl	Vollrahm
20 g	Butter
	Salz und frischgemahlener weißer Pfeffer

Die geputzten Bohnen werden mit dem Bohnenkraut in Salzwasser gargekocht. Abkühlen lassen.
Dann streicht man sie durch ein feines Sieb, wärmt das Püree mit dem Rahm auf und mischt die Butter hinein. Mit Salz und Pfeffer würzen.

Tomaten-Sorbet
Sorbet aux tomates

Rezept Seite 239

Eingemachte Früchte
Compôte de fruits

Rezept Seiten 256/257

Randenpüree (Rote-Beete-Püree)
Mousseline de betteraves

Zutaten für 4 Personen

250 g	rohe Randen (rote Beete)
20 g	Butter
1,5 dl	Vollrahm
1	Ei (Gelb und Eiweiß getrennt)
	Salz und frischgemahlener weißer Pfeffer

Die Randen werden geschält und in Scheiben geschnitten.
Man schmort sie in Butter, fügt den Rahm hinzu, deckt den Topf zu und kocht sie gar.
Man läßt sie ein Weilchen abkühlen und mischt dann das Eigelb hinein. Durch ein feines Sieb streichen, das leicht geschlagene Eiweiß dazugeben und würzen.
Das Püree wird in ausgebutterte Förmchen gefüllt und bei mittlerer Hitze im Ofen 35 bis 40 Min. lang im Wasserbad gekocht.

Anmerkung
Folgendes ist bei der Zubereitung zu beachten:
Die Füllung in den Förmchen muß man oben glatt streichen, damit der Pudding beim Stürzen geradesteht. Auf den Boden des Wasserbades legt man ein Stück Papier, damit sich die Förmchen nicht bewegen. Während des Kochens im Wasserbad müssen die Förmchen zu drei Viertel im Wasser stehen, und das Wasser sollte knapp unter dem Siedepunkt sein, sonst wird der Pudding löcherig. Bevor man den Pudding stürzt, läßt man ihn 4 bis 5 Min. lang stehen, weil er sich dann leichter aus der Form löst.

Kastanienpüree
Purée de marrons

Zutaten für 4 Personen

850 g	Kastanien
5 dl	Milch
80 g	Butter
0,2 dl	Cognac
	Zucker und Salz

Mit der Messerspitze schneidet man die Kastanien an der Seite ein, ohne das Innere zu verletzen.
Man legt sie auf ein Backblech und läßt sie bei mäßiger Hitze 5 bis 7 Min. lang im Ofen rösten.
Danach werden sie geschält und die braune Haut entfernt.
In einem Topf läßt man sie mit der Milch etwa 20 Min. lang sieden. Durch ein feines Sieb passieren.
Das Püree wärmt man auf und rührt die Butter mit einem Holzlöffel hinein. Mit Zucker, Salz und Cognac abschmecken.

Anmerkung
Man kann zum Schluß auch Rahm hinzufügen. Kastanienpüree ist eine passende Beigabe zu Wild.

Linsengericht
Lentilles braisées

Zutaten für 4 Personen

250 g	Linsen
60 g	geräucherter Speck, in Stückchen geschnitten
10 g	Zwiebel ⎤
40 g	Karotte ⎬ feingeschnitten
30 g	Lauch ⎦
100 g	Kartoffeln, in kleine Würfel geschnitten
40 g	Tomatenpüree
6 dl	dunkler Kalbsfond
1	kleine Knoblauchzehe
0,1 dl	Weinessig
1	feingehacktes Sardellenfilet

Die verlesenen Linsen werden 2 bis 3 Std. in kaltem Wasser eingeweicht.
Gemüse und Tomatenpüree läßt man in dem ausgelassenen Speck schmoren und fügt dann Kalbsbrühe und Knoblauch hinzu.
Die Linsen werden ohne das Wasser beigegeben und zum Kochen gebracht.
Mit Salz und Pfeffer würzen, abschäumen und weiterkochen, bis die Linsen gar sind.
Die Knoblauchzehe wird herausgenommen.
Ein Viertel der gekochten Linsen püriert man im Mixer und bindet die übrigen Linsen mit dem Püree.
Zum Schluß fügt man das feingehackte Sardellenfilet und den Essig hinzu und schmeckt mit Salz und Pfeffer ab.

Anmerkung
Saure Linsen sind eine gute Beigabe zu Lammgerichten.

Kartoffeln nach Hausart (Schweizer Rösti)
Pommes Maison

Zutaten für 4 Personen

- 400 g Kartoffeln
- 30 g geschmolzenes Hühnerfett
- 30 g Butter
- Salz und frischgemahlener Pfeffer

Die geschälten und gutgewaschenen Kartoffeln (es sollte keine mehlige Sorte sein) schneidet man in dünne Stäbchen, am besten mit einem großlöchrigen Reibeisen.

Die Kartoffelstäbchen werden mit Salz und Pfeffer gewürzt und in einer großen Pfanne in dem erhitzten Fett und der Butter gebraten, wobei man sie mit einem Schäufelchen oft wendet und durcheinander rührt.

Wenn sie leicht gebräunt sind, formt man mit dem Spatel eine Art Kuchen. Man schiebt sie der Mitte zu und klopft sie oben flach. Dieser «Kuchen» wird auf beiden Seiten goldbraun gebraten.

Unter Umständen muß man etwas Fett zugeben, weil manche Kartoffeln das Fett zu stark aufsaugen. Die Pfanne muß mehrmals gerüttelt werden, damit die Kartoffelstäbchen zusammenhängen, wenn man den «Kuchen» auf eine flache Schüssel gleiten läßt.

Kartoffeln Anna
Pommes Anna

Zutaten für 4 Personen

400 g kleine, mehlige Kartoffeln
 50 g geklärte Butter
       wenig Muskat
       Salz, Pfeffer aus der Mühle

Die Kartoffeln werden geschält und gewaschen, dann in etwa 2 mm dicke Scheiben geschnitten und nochmals gewaschen (um die Kartoffelstärke zu entfernen).
Dann die auf einem Tuch getrockneten und gewürzten Kartoffeln schuppenartig in eine gebutterte Form legen.
Mit der restlichen Butter beträufeln und im heißen Ofen goldbraun backen. Den Gratin aus dem Ofen nehmen, etwa 5 Min. ruhen lassen und dann stürzen.
Die überflüssige Butter wird entfernt und das Gericht sofort serviert.

Gemüse-, Kartoffel-, Pilzgerichte

Gratinierte Kartoffeln
Gratin dauphinois

Zutaten für 4 Personen

- 600 g Kartoffeln (längliche Form, ca. 2 cm Durchmesser)
- 1 kleine Knoblauchzehe
- 3 dl Doppelrahm
- 100 g feingeriebener Käse (Emmentaler oder Gruyère, gut ausgereift)
- 15 g Butter
- Salz, Muskat, Pfeffer aus der Mühle

Die Kartoffeln werden erst kurz vor der Zubereitung geschält. Dann schneidet man sie in 2 mm dicke Scheiben, legt sie auf ein Tuch und würzt mit Salz, Muskat und Pfeffer.
Eine Gratinform wird mit der geschälten Knoblauchzehe ausgerieben, dann schichtet man die gewürzten Kartoffelscheiben sorgfältig in die Form und füllt mit dem Rahm auf.
Das Gericht muß zugedeckt im Wasserbad im Ofen ca. 1 Std. garen. 15 Min. vor dem Servieren Butterflöckchen und Käse darüberstreuen und alles gratinieren.

Anmerkung
Dieser Kartoffelgratin soll goldgelb überkrustet und ja nicht trocken sein. Er paßt besonders gut zu Lammgerichten.

Gemüse-, Kartoffel- und Pilzgerichte

Mais-Pfannkuchen
Crêpes de maïs

Zutaten für 4 Personen

300 g	Maiskolben
1,5 dl	Milch
1 dl	Vollrahm
1	Ei
1	Eigelb
60 g	Mehl
	ein wenig Muskatnuß, Salz und frischgemahlener Pfeffer
20 g	Butter (zum Backen der Pfannkuchen)

Die Maiskolben waschen und in der Milch blanchieren. Die Körner ablösen und grob hacken. Milch, Rahm, Ei, Eigelb und Mehl verrühren.
Dann fügt man die grobgehackten Maiskörner hinzu und würzt mit Muskatnuß, Salz und Pfeffer.
Man läßt die Butter in der Bratpfanne schmelzen, schöpft jeweils mit einem Löffel ein wenig Teig heraus und bäckt die kleinen Pfannkuchen auf beiden Seiten goldbraun.

Anmerkung
Diese kleinen Mais-Pfannkuchen sind eine sehr gute Beigabe zu gegrilltem und gebratenem Fleisch sowie zu Geflügel.

Gefüllte Morcheln

Zutaten für 4 Personen

- 12   mittelgroße frische Morcheln
- 40 g Kalbshirn
        Salz und frischgemahlener Pfeffer
        ein wenig Zitronensaft
- 20 g Panierbrot
- 0,2 dl Rahm zum Einweichen der Brösel
- 20 g junger Spinat ohne Stiele, blanchiert
- 10 g Sauerampferblätter ohne Stiele
        ein paar Kerbelblätter
- 10 g Brunnenkresse
- 60 g Geflügelmousseline (Rezept Seite 49)
- 1 dl starker Geflügelfond
- 1 dl Madeira
- 0,2 dl Noilly Prat
        Salz und frischgemahlener Pfeffer

Man putzt die Morcheln, wäscht sie mehrmals unter fließendem Wasser und legt sie zum Trocknen auf ein Tuch.

Das gutgewässerte und enthäutete Kalbshirn pochiert man in leicht gesalzenem Wasser mit ein wenig Zitronensaft und läßt es im eigenen Sud abkühlen. Dann wird es herausgenommen und ebenfalls zum Trocknen auf ein Tuch gelegt.

Die Weißbrotbrösel werden mit dem lauwarmen Rahm angefeuchtet, Spinat, Sauerampfer, Kerbel und Brunnenkresse feingehackt.

Die gehackten Kräuter vermischt man gut mit der Geflügelmousseline, den eingeweichten Bröseln und dem grobgehackten Kalbshirn. Mit Salz und Pfeffer würzen.

Mit dieser Masse werden die Morcheln unter Zuhilfenahme eines Spritzbeutels gefüllt.

Man pochiert sie 15 bis 20 Min. in einem Kochwasser aus Hühnerbrühe, Madeira und Noilly Prat, das mit Salz und Pfeffer gewürzt ist.

Anmerkung
Gefüllte Morcheln können als Beigabe zu verschiedenen Fleischgerichten serviert werden.

Champignonpüree Duxelles
Duxelles de champignons

Zutaten für 4 Personen

200 g	Champignons
15 g	Butter
30 g	Zwiebeln fein gehackt
	wenig Zitronensaft
20 g	weißes Panierbrot
½	Eigelb
1	Prise Zucker
	Salz, Pfeffer aus der Mühle

Die rasch in mit wenig Zitronensaft gesäuertem Wasser gewaschenen Champignons leicht ausdrücken und fein hacken. In einer Pfanne die Zwiebel in 10 g Butter dünsten, ohne ihr Farbe zu geben.
Die Champignons beigeben, würzen und auf starkem Feuer möglichst schnell den sich bildenen eigenen Saft fast einkochen lassen. Das Panierbrot in der restlichen Butter kurz schwenken und den Champignons beigeben.
Das ganze nochmals aufkochen und etwa 5 Min. ziehen lassen, dann etwas abkühlen lassen, das Eigelb dazu geben und bei mittlerer Hitze abrühren.
Mit Zucker, Salz und Pfeffer abschmecken.

Toast mit frischen Pilzen
Toast aux champignons

Zutaten für 4 Personen

400 g	frische Pilze (Pfifferlinge, Steinpilze, Austernpilze usw.)
30 g	Butter
10 g	feingehackte Schalotte
2 dl	Weißwein
2 dl	brauner Kalbsfond (Rezept Seite 37)
2 dl	Rahm
	etwas feingeschnittener Schnittlauch
	Salz, Pfeffer aus der Mühle
4	Scheiben Toast
4	Scheiben Schinken
4	Scheiben Käse, Emmentaler oder Greyerzer

Die Pilze werden gut geputzt und in gleichmäßige Stücke geschnitten, kleine Pilze kann man ganz lassen.
In kaltem Wasser möglichst schnell waschen.
Die Schalotte vorsichtig in 20 g Butter dünsten. Die Pilze dazugeben und weiter dünsten, dann mit Weißwein ablöschen und würzen.
Die Pilze herausnehmen und warmstellen. Der Fond wird eingekocht und mit dem Kalbsfond und dem Rahm aufgefüllt.
Zur gewünschten Dicke einkochen lassen, dann die Pilze in die Sauce zurückgeben und den Schnittlauch beifügen sowie mit Salz und Pfeffer abschmecken.
Die in Butter gewärmten Schinkenscheiben auf den frisch zubereiteten Toast geben, mit der gut abgeschmeckten Sauce begießen und mit dem Käse bedecken. Dann die Toasts kurz unter dem Salamander oder im heißen Ofen gratinieren.
Sofort servieren.

Pilzterrine mit Kräutersauce
Mosaic de champignons

Zutaten für 10 Personen

800 g	frische Pilze (Pfifferlinge, Austernpilze, Morcheln, Steinpilze)
	etwas Vitamin-C-Pulver
5 dl	doppelte Kraftbrühe
0,2 dl	Noilly Prat
8	Blatt Gelatine (in kaltem Wasser einlegen)
1	Prise Muskat, Salz, Pfeffer aus der Mühle

Die Pilze sorgfältig putzen und in gleichmäßige Stücke schneiden. In kaltem Wasser, dem man etwas Vitamin-C-Pulver beigibt, die Pilze möglichst schnell und gut waschen.
Die Kraftbrühe zum Sieden bringen und die Pilze kurz darin blanchieren, dann herausnehmen und abtropfen lassen.
Die Pilze in passende Terrinenform legen, der Kraftbrühe die ausgepreßten Gelatineblätter beigeben, mit Salz, Pfeffer und Muskat abschmecken und mit dem Noilly Prat verfeinern.
Die Kraftbrühe durch ein feines Tuch passieren und die Terrine damit auffüllen, anschließend kalt stellen.
Wenn die Terrine erkaltet ist, vorsichtig stürzen, nachdem man die Form kurz in warmes Wasser gestellt hat.
Mit einem heißen Messer sorgfältig in etwa 1 cm dicke Scheiben schneiden. Kräutersauce als Beilage servieren.

Kräutersauce
Zutaten für 4 Personen

80 g	Joghurt natur
2,5 dl	Schlagrahm
50 g	frische Kräuter (Schnittlauch, Petersilie, Basilikum, Kerbel)
	etwas Zitronensaft, Salz, Pfeffer aus der Mühle

Die Kräuter sorgfältig zupfen, mit dem Joghurt vermischen und im Mixer fein pürieren, den Rahm vorsichtig darunter ziehen, mit Zitronensaft verfeinern und mit Salz und Pfeffer abschmecken.

Süßspeisen

Eingemachte Früchte
Das Einmachen von Früchten ist nichts Neues. Vor einigen Jahren führten wir es im Hotel Dorchester wieder ein. Wir konservieren die Früchte auf die alte und verläßliche «Hausfrauenart», was bei vielen unserer Gäste großen Anklang findet. Wir kaufen die Früchte, wenn sie Saison haben, denn dann sind sie natürlich am besten und schmackhaftesten und auch am preisgünstigsten. So haben wir monatelang einen Vorrat an erstklassigem Kompott, das auf vielerlei Weise verwendet werden kann.
Das Kompott wird in dem Gefäß aufbewahrt und serviert in dem es sterilisiert worden ist, als eine Spezialität des Hauses, die den Gästen eine große Auswahl läßt.
Vollrahm oder frische Himbeersauce kann zu fast allen Früchten als Beigabe serviert werden.
Hier einige Faustregeln:
— Man nimmt nur frische, erstklassige, reife Früchte.
— Hygiene ist das erste Gebot. Man trägt beim Einmachen Gummi- oder Plastic-Handschuhe. Die Sterilisiergefäße müssen gründlich gewaschen werden; man spült sie dann zuerst mit kochendem Wasser, hernach mit kaltem Wasser aus.
— Auch der Gummiring, mit dem das Einmachglas verschlossen wird, muß abgebrüht werden.
— Die Früchte werden sorgsam ins Gefäß gelegt.
— Ebenso sorgfältig ist das Gefäß zu schließen.
— Man sterilisiert in einem Dampfkochtopf oder in Wasser.
— Die Sterilisierzeit muß genau eingehalten werden.

Eingemachte Birnen (Birnenkompott)
Compôte de poires

Zutaten

- 2 kg Birnen in bestem Zustand
- 1 l   Wasser
- 500 g Zucker
-        etwas Zitronensaft oder Vitamin-C-Pulver

Man schält die Birnen sorgfältig, ohne den Stiel zu entfernen. Das Gehäuse wird mit einem Apfelausstecher herausgenommen.
Man blanchiert die Birnen in Zitronenwasser und schichtet sie sehr sorgsam in die Einmachgläser.
Man kocht einen Liter Wasser mit Zucker und etwas Zitronensaft auf und gießt den Sirup über die Birnen, die noch heiß sein müssen. Ein besonderes Aroma und noch mehr Geschmack erreicht man, wenn den Birnen einige frische Pfefferminzblätter beigegeben werden.
Die gutverschlossenen Weckgläser sterilisiert man in einem Dampfkochtopf 8 bis 10 Minuten.

Anmerkung
Ebenso wird mit Pfirsichen, Aprikosen, Kirschen usw. verfahren.

Süßspeisen

Mit Schokolade und Nüssen gefüllte Pfannkuchen
Crêpes aux noisettes

Zutaten für 4 Personen

- 1 dl   Milch
- 60 g   Mehl
- 1   Eigelb
- 1   Ei
- 15 g   Zucker
- 10 g   geschmolzene Butter
- 10 g   Butter (zum Ausbacken)

Füllung
- 30 g   Makronengebäck   ⎤
- 30 g   Haselnüsse   ⎬ feingehackt
- 30 g   Walnüsse   ⎦
- 4 dl   Vanillecrème (siehe folgendes Rezept)
- 20 g   Zucker
- 50 g   geschmolzene Schokolade
- 0,1 dl Nußcognac
- 1 dl   Schlagrahm
- 2 g   Puderzucker

Ei, Eigelb, Zucker und Mehl in eine Schüssel geben und dann nach und nach unter ständigem Rühren die Milch zugeben.
Dann gibt man die geschmolzene Butter bei und streicht den Teig durch ein Sieb.
Die Füllung wird folgendermaßen hergestellt:
Man mischt das zerstampfte Makronengebäck, die Nüsse, Vanillecrème, Zucker, Schokolade und Cognac. Der Schlagrahm wird sorgsam darunter gezogen.
Aus dem Crêpe-Teig werden hauchdünne Pfannkuchen gebakken; mit der Nußmasse füllen und im Ofen zugedeckt erhitzen. Vor dem Servieren mit Puderzucker bestreuen.

Vanillecrème
Crème patissière vanille

Zutaten für 4 Personen

2,5 dl	Milch
½	Vanilleschote
3	Eigelb
80 g	Zucker
40 g	Mehl

In einer Schüssel rührt man Eigelb, Zucker und Mehl zusammen. Die Milch wird mit der halben Vanilleschote aufgekocht und dann mit dem Teig sorgsam zusammengerührt.
Diese Mischung kommt wieder in den Topf, und man läßt sie langsam aufkochen. Unter fortwährendem Rühren läßt man sie 2 bis 3 Min. leicht kochen.
Durch ein feines Sieb streichen und bis zur Verwendung warmstellen.

Anmerkung
Wenn die Vanillecrème nicht sofort gebraucht wird, bestreut man sie mit etwas Zucker oder beträufelt sie mit Milch oder Rahm, damit sich keine Haut bildet.

Passionsfrüchte-Soufflé
Soufflé aux fruits de la passion

Zutaten für 4 Personen

- 3 Eigelb
- 210 g Zucker
- 1 dl Passionsfruchtsaft
- 6 Eiweiß
- 5 g Butter

Man schlägt die Eigelb, die Hälfte des Zuckers und zwei Drittel Passionsfruchtsaft zusammen.
Eiweiß und der übrige Zucker werden steif geschlagen, und sorgfältig mit der Eigelbmischung vermischt. Die Masse kommt in eine Form, die man mit Butter ausstreicht und mit Zucker bestreut.
7 bis 8 Min. lang im Wasserbad pochieren.
Danach wird der Auflauf bei 170 bis 185 Grad Hitze 25 bis 30 Min. ausgebacken.
Für die Sauce, die dazu gereicht wird, kocht man den übrigen Passionsfruchtsaft mit 20 g Zucker und dem Saft einer halben Zitrone und etwas Wasser auf, bindet mit ein wenig Stärkemehl, passieren und lauwarm auftragen.

Anmerkung
Auch hier gilt die Regel: der Gast soll auf das Soufflé warten, nicht das Soufflé auf den Gast. Es ist zu empfehlen, zusammen mit der Sauce noch halb geschlagenen Rahm zu servieren.

Himbeeren im Blätterteig
Feuilletés aux framboises

Rezept Seite 264

Terrine mit exotischen Früchten
Terrine de fruits exotic

Rezept Seite 270

Gepfefferte Ananas mit Karamel-Sauce
Ananas au poivre Jean et Pierre

Jean und Pierre, die berühmten Brüder Troisgros, sind die Namensgeber dieser Süßspeise. Sie gehören zu den phantasievollsten Köchen der Welt. Das, im Verein mit ihrer Selbstdisziplin und Gastfreundschaft, hat ihnen einen Ehrenplatz in der Entwicklung der französischen Küche eingetragen.

Zutaten für 4 Personen

```
   1    Ananas (ungefähr 320 g, netto)
        etwas frischgemahlener schwarzer Pfeffer
 40 g   Butter
0,3 dl  Kakaolikör (Crème de Cacao)
   4    Portionen Vanille-Eis (Rezept Seite 277)
```

Sauce
100 g Zucker
0,5 dl Orangensaft und abgeriebene Orangenschale
0,2 dl Zitronensaft
0,5 dl Kakao-Likör (Crème de Cacao)
 25 g braune Butter

Man schält die Ananas, schneidet sie in ungefähr 1 cm dicke Scheiben und entfernt das Mark. Jede Scheibe wird mit etwas frischgemahlenem schwarzem Pfeffer bestreut.
Man erhitzt Butter in der Pfanne, legt die Ananasscheiben hinein und flambiert mit Crème de Cacao. Dann fügt man die Sauce hinzu und erhitzt sie sachte.
Beim Anrichten kommt das Vanille-Eis in die Mitte der Ananasscheibe und wird mit der heißen Sauce übergossen.

Zubereitung der Sauce:
Der Zucker wird geschmolzen und leicht karamelisiert.
Zitronen- und Orangensaft hinzufügen. Dann kommt der Kakaolikör dazu, und man läßt einkochen. Die braune Butter hineinrühren. Die abgeriebene Orangenschale wird blanchiert und der Sauce als Garnitur beigefügt.

Süßspeisen

Himbeeren im Blätterteig
Feuilletés aux framboises

Zutaten für 4 Personen

- 200 g Blätterteig (Rezept Seite 54)
- 1 Eigelb (zum Bestreichen des Teigs)
- etwas Puderzucker
- 0,5 dl Schlagrahm
- 50 g Vanillecrème (Rezept Seite 259)
- 0,1 dl Himbeergeist
- 200 g geputzte Himbeeren
- 2,5 dl Himbeersauce (siehe folgendes Rezept)
- 0,2 dl halbgeschlagener Rahm (zur Dekoration)

Man gibt 4 Blätterteigpasteten Himbeerform und zeichnet mit der Messerspitze den Deckel an. Die Pasteten werden außen mit Eigelb bestrichen und bei guter Hitze (ca. 12 bis 15 Min.) ausgebacken.

Die Deckel abheben, Pasteten mit Puderzucker bestäuben und im Ofen glasieren. Nun den Schlagrahm mit der Vanillecrème mischen und mit Himbeergeist abschmecken.

Die warmen Pasteten mit der Crème füllen, zuoberst Himbeeren einfüllen und Deckel aufsetzen.

Zum Anrichten Himbeersauce in einen Teller gießen und mit dem halbgeschlagenen Rahm garnieren. Die Pasteten in die Sauce setzen und sofort auftragen, denn es ist wichtig, daß die Pasteten warm auf den Tisch kommen.

Himbeersauce
Coulis de framboises

Zutaten (für 2,5 dl Himbeersauce)

250 g reife Himbeeren
 80 g Puderzucker
        Saft einer Zitrone
        etwas Himbeergeist

Die Himbeeren pürieren.
Dem Püree den Puderzucker und etwas Himbeergeist beifügen, gut umrühren und durch ein feines Sieb passieren.
Damit die Sauce einen frischen Geschmack hat, nur ganz frische und absolut reife Himbeeren verwenden.

Süßspeisen

Gratinierte Pfirsiche mit Curaçao und Kirsch
Gratin de pêches Marjorie

Marjorie Lee betreute viele Jahre lang im Hotel Dorchester die Public Relations. Ihr Wissen war legendär — ein wandelndes «Who ist who?»-Lexikon. Sie hat viel zum Ruhm des Hotels beigetragen.

Zutaten für 4 Personen

```
  4      aromatische weiße Pfirsiche
         etwas Kirsch
         etwas Curaçao
 10 g    Stärkemehl (Maizena)
  3 dl   Milch
 60 g    Zucker
  2      Eigelb
1,5 dl   Schlagrahm
 60 g    Rohzucker
```

Die Pfirsiche sorgfältig schälen und in dünne Scheiben schneiden. Man arrangiert sie in einer runden Glasschüssel und beträufelt sie mit Kirsch und Curaçao.
Das Stärkemehl (Maizena) wird in ein wenig Milch aufgelöst, die übrige Milch aufgekocht und mit dem Stärkemehl gebunden.
Dann schlägt man Eigelb und Zucker zusammen und rührt die Mischung in die kochende Milch. Zum Sieden bringen und in eine Schüssel passieren. Mit Zucker bestäuben und abkühlen lassen.
Wenn die Mischung kalt ist, zieht man den Schlagrahm darunter und schmeckt vorsichtig mit Kirsch und Curaçao ab.
Die Pfirsichscheiben werden mit dieser Creme bedeckt. Man bestreut sie mit Rohzucker, den man mit einem heißen Eisen glasiert. Es ist wichtig, daß das Eisen sehr heiß ist, damit sich eine richtige Zuckerglasur bildet.

Gratinierte Kiwis
Gratin aux Kiwis

Zutaten für 4 Personen

6	Kiwis
5 g	Butter
4	Eigelb
0,5 dl	Wasser
10 g	Vanillezucker
40 g	Zucker
2 dl	Vollrahm
0,2 dl	Kirsch

Die sorgfältig geschälten Kiwis werden in Scheiben geschnitten, in eine eingefettete Form gelegt und ins Wasserbad gestellt.
Man schlägt Eigelb, Wasser, Vanillezucker und Zucker zusammen, bis sich eine leichte, luftige Masse bildet.
Der Rahm wird steif geschlagen und unter die Mischung gezogen.
Man beträufelt die Kiwis mit Kirsch und gießt die Crème darüber.
Im Ofen goldgelb überbacken. Da das Dessert innen cremig bleiben soll, darf es nicht zu lange gebacken werden.
Warm servieren und dazu ein Kiwi-Sorbet (Rezept Seite 282) reichen.

Süßspeisen

Kirschenstrudel
Strudel aux cerises

Zutaten für ungefähr 10 Personen

Strudelteig
- 150 g Mehl
- 0,2 dl geschmolzene Butter
- 0,6 dl lauwarmes Wasser
- ½ Ei
- eine Prise Salz

Füllung
- 30 g geschmolzene Butter (zum Bestreichen des Teigs)
- 50 g Weißbrotbrösel
- 20 g Pinienkerne
- 50 g feingemahlene Haselnüsse
- 1 kg entsteinte Kirschen
- 150 g Zimtzucker
- 100 g Sultaninen
- 30 g Butter
- ein wenig Kirsch

Die obengenannten Bestandteile werden zu einem festen Teig verarbeitet, den man bedeckt eine Stunde lang an einer warmen Stelle ruhen läßt.

Hierauf treibt man ihn mit dem Wallholz ein wenig aus, legt ihn auf ein mit Mehl bestäubtes Tuch, treibt ihn wieder ein wenig aus, faßt mit den Händen unter das Tuch und zieht ihn nun möglichst dünn aus.

Der Teig wird mit geschmolzener Butter bestrichen und mit Bröseln, Pinienkernen und gemahlenen Haselnüssen bestreut.

Kirschen, Zimtzucker und Sultaninen werden gemischt und auf den Teig gelegt. Mit Kirsch beträufeln.

Man rollt den Teig ein, indem man das Tuch an einem Zipfel faßt und mit dem Teig in die Höhe hebt, legt ihn schneckenförmig in eine gebutterte Form oder in ein Blech mit Rand, bestreicht ihn mit Butter und bäckt ihn bei ungefähr 180 °C 25 bis 30 Min. lang goldbraun, wobei er häufig mit Butter bepinselt wird.

Brotpudding
Bread and butter pudding

Zutaten für 4 Personen

2,5 dl	Milch
2,5 dl	Vollrahm
	eine Prise Salz
1	Vanilleschote
3	Eier
125 g	Zucker
3	Brötchen
30 g	Butter
10 g	Sultaninen, in Wasser eingeweicht
20 g	Aprikosenmarmelade
	ein wenig Puderzucker

Milch, Rahm, Salz und Vanilleschote werden zum Sieden gebracht. Man rührt Eier und Zucker zusammen, fügt die heiße Milch und den Rahm hinzu und streicht die Mischung durch ein Sieb.
Die Brötchen werden in feine Scheiben geschnitten, mit Butter bestrichen und in eine eingefettete Form gelegt. Darauf kommen die eingeweichten Sultaninen.
Die Crème wird darüber gegossen, mit Butterflöckchen besetzt und alles 35 bis 40 Min. lang sorgfältig im Wasserbad pochiert.
Mit Aprikosenmarmelade bestreichen und zum Schluß mit Puderzucker bestreuen.

Anmerkung
Zu diesem Brotpudding kann man Schlagrahm oder Kompott reichen.

Terrine mit exotischen Früchten
Terrine de fruits exotic

Zutaten für 10 Personen

- 12 Gelatineblätter, in kaltem Wasser eingelegt
- 1 dl Curaçao
- 5 dl Zuckersirup (3 dl Wasser, 200 g Zucker)
- 400 g Orangen in Filets geschnitten
- 150 g Kiwi in Scheiben geschnitten
- 150 g Lyches in Stücke geschnitten
- 100 g Feigen in Viertel geschnitten
- 400 g Papaya in Scheiben geschnitten
- 500 g Mango in Scheiben geschnitten
- 150 g Ananasscheiben in Viertel geschnitten
- 50 g Weiße Trauben halbiert und entkernt
- 50 g Blaue Trauben halbiert und entkernt
- 20 g Pfefferminzblätter

Garnitur
- 20 g blanchierte Orangenschalen in Streifen geschnitten
- 0,5 dl Grenadine

Den Zuckersirup mit dem Curaçao aufkochen, die gut ausgepreßten Gelatineblätter dazugeben und kühlstellen.
Eine Terrinenform mit den Pfefferminzblättern, die in den Sirup getaucht wurden, auslegen, den Boden der Terrine ½ cm tief mit Sirup auffüllen und fest werden lassen.
Die geschnittenen Früchte schichtweise einlegen und mit dem restlichen Sirup auffüllen.
Kalt stellen, stürzen und vorsichtig mit einem heißen Messer in Scheiben schneiden.
Die Terrinescheiben können mit Himbeersauce übergossen und serviert werden oder in Grenadine pochierte Orangenstreifen können als Garnitur verwendet werden.
Bemerkung: Die Früchte können je nach Saison ausgetauscht werden.

Feigen mit Himbeersauce
Figues au coulis de framboises

Zutaten für 4 Personen

8	blaue Feigen
400 g	Himbeeren
150 g	Puderzucker
	Saft von einer Zitrone
	ein wenig Himbeergeist
1 dl	Vollrahm
4	Portionen Vanille-Eis (Rezept Seite 277)

Die sorgfältig geschälten Feigen schneidet man in je sechs Stücke.
Die Hälfte der Himbeeren pürieren, durch ein Haarsieb streichen, mit Puderzucker, Zitronensaft und Himbeergeist mischen.
Diese Sauce gießt man auf eine Platte und arrangiert darauf die Feigen. Mit geschlagenem Rahm und den übrigen Himbeeren garnieren.
Das Vanille-Eis wird separat serviert.

Anmerkung
Dieses Dessert muß möglichst kalt aufgetragen werden.

Süßspeisen

Sommerpudding

Zutaten für 4 Personen

8 bis 10	Weißbrotscheiben ohne Rinde
3 g	Gelatinepulver
1 dl	Wasser
150 g	Zucker
	Saft von einer Zitrone
100 g	Erdbeeren ⎫
100 g	Himbeeren ⎬ erlesen und gewaschen
100 g	Brombeeren ⎭
1 dl	Himbeersauce (Rezept Seite 265)
2 dl	Vollrahm

Man legt die Puddingform auf dem Boden und an den Seiten mit den Brotscheiben aus.
Das Gelatinepulver in Wasser auflösen, Zucker und Zitronensaft hinzufügen und auf drei Töpfe verteilen.
Erdbeeren, Himbeeren und Brombeeren werden gesondert in den drei Töpfen schnell zum Kochen gebracht und in der eigenen Flüssigkeit abgekühlt.
Schichtweise legt man die Früchte, mit Brotscheiben abwechselnd in die Puddingform, gießt den Rest der Flüssigkeit in die Mitte und deckt mit Brotscheiben zu.
Mit einem Gewicht beschweren und für ungefähr 12 Stunden in den Kühlschrank stellen.
Dann stürzt man den Pudding und übergießt ihn mit Himbeersauce. Der Schlagrahm wird gesondert serviert.

Anmerkung
Die Früchte können der Jahreszeit entsprechend oder je nach dem, was verfügbar ist, ausgewechselt werden.

Süßspeisen

Süßspeisen

Pfannkuchen mit Kiwi
Crêpes sans rival

Zutaten für 4 Personen

Pfannkuchen (Rezept Seite 258)

Füllung
- 2 dl Vanillecreme (Rezept Seite 251)
- 30 g feingemahlene Haselnüsse
- 40 g Marzipan
- 0,1 dl Pernod
- 4 Kiwis, geschält und in dünne Scheiben geschnitten

Garnitur
- 1,5 dl Meringel (Meringue) auf italienische Art (siehe nächstes Rezept)
- 20 g feingemahlene Haselnüsse
- 2 dl Himbeersauce (Rezept Seite 265)
- 4 Kiwis, geschält und fein geschnitten

Man mischt die Vanillecrème mit feingemahlenen Haselnüssen und dem Marzipan und fügt Pernod hinzu.
Mit dieser Masse werden die Pfannkuchen dünn bestrichen. In die Mitte legt man ein Paar Kiwischeiben.
Die Pfannkuchen nun von zwei Seiten zusammenfalten, mit Meringuemasse, der Haselnüsse beigegeben wurden, panieren. Die Pfannkuchen werden im vorgewärmten Ofen 4 bis 5 Minuten überbacken.
Man legt dann die Pfannkuchen in die Himbeersauce, garniert sie mit Kiwischeiben und trägt sofort auf.

Anmerkung
Das besondere an diesem Dessert ist, daß die Pfannkuchen heiß serviert werden müssen, die Füllung hingegen kalt sein sollte. Statt der Kiwis können je nach Jahreszeit andere Früchte verwendet werden, zum Beispiel weiße oder gelbe Pfirsiche.

Meringel auf italienische Art
Meringage à l'italienne

Zutaten

100 g Zucker
0,5 dl Wasser
  2   Eiweiß
20 g Puderzucker

Zucker und Wasser werden in einer schweren Pfanne erhitzt und gerührt, bis sich der Zucker aufgelöst hat.
Man kocht den Sirup, bis er 100 bis 115 °C erreicht hat.
Inzwischen schlägt man die Eiweiß zu steifem Schnee und zieht den Puderzucker darunter.
Langsam (in Fäden) wird der gekochte Sirup dem Schnee beigefügt.
Man schlägt weiter, bis sich die Masse abgekühlt hat.

Süßspeisen

Pfirsiche mit Pistazien-Eis
Pêches à la glace de pistache

Zutaten für 4 Personen

    4   mittelgroße, reife Pfirsiche
1 dl   Sherry
150 g Zucker
½   Vanilleschote
       Wasser

Eiscrème
1,5 dl Milch
1,5 dl Vollrahm
50 g Zucker
50 g feingehackte Pistazienkerne
3 Eigelb

Sauce
150 g ganze Hagebutten
20 g Johannisbeergelee
20 g Zucker
0,5 dl Rotwein

Die Pfirsiche werden blanchiert und geschält.
Aus Sherry, Zucker, Vanilleschote und ein wenig Wasser stellt man einen Sirup her. Darin pochiert man die Pfirsiche und läßt sie im Sirup abkühlen.
Für das Pistazien-Eis bringt man die Hälfte der Milch, Rahm, Zukker und Pistazienkerne zum Kochen.
Die andere Hälfte der Milch wird mit den Eigelb zusammengeschlagen und dann in die kochende Flüssigkeit gerührt. Durch ein Sieb streichen, in Formen abfüllen und einfrieren.
Für die Sauce höhlt man die Hagebutten aus und wäscht die Schalen gründlich.
Man läßt sie mit Johannisbeergelee, Zucker und Rotwein 20 Minuten kochen.
Die Pfirsiche werden auf dem Pistazien-Eis arrangiert und mit der Sauce übergossen.
Dazu reicht man frisches süßes Gebäck (Rezepte Seiten 287—291)

Vanille-Eis
Glace à la vanille

Zutaten für 4 Personen

- 4 Eigelb
- 150 g Zucker
- 2,5 dl Milch
- 2,5 dl Vollrahm
- ½ Vanilleschote, der Länge nach aufgeschnitten

Eigelb und Zucker werden gut zusammengerührt.
Allmählich fügt man die heiße Milch und den Rahm hinzu. Dann kommt die Flüssigkeit in einen Topf, und man gibt die halbe Vanilleschote bei. Unter ständigem Rühren bringt man sie nicht ganz zum Siedepunkt. Dieser Punkt ist erreicht, wenn man den Spatel herausnimmt, mit dem Finger darüber fährt und feststellt, daß die Mischung getrennt bleibt.)
Sofort vom Feuer nehmen und im kalten Wasserbad unter ständigem Rühren abkühlen lassen. Durch ein Haarsieb passieren und einfrieren.

Süßspeisen

Erdbeervacherin
Vacherin glacé aux fraises

Zutaten für 10 Personen

- 5 Eiweiß, sauber, ohne Spur von Eigelb
- 250 g Zucker
- 2 dl Aprikosenkonfitüre, mit etwas Wasser verdünnt, aufgekocht und passiert.
- 5 dl Erdbeersauce
- 10 Mandeln leicht geröstet
- 10 halbe Erdbeeren mit Stiel

Zubereitung
Eiweiß mit 50 g Zucker zu Schnee schlagen und dann den restlichen Zucker nach und nach daruntermischen.
Mit einem Dressiersack und passender Tülle nach Wunsch die Masse auf ein Backblech dressieren. Zwischen den einzelnen Portionen muß man genügend Zwischenraum lassen, da sie ein wenig aufgehen.
Mit etwas Zucker bestreuen und im Ofen bei schwacher Hitze (ca. 120–140 °C) backen.
Die Aprikosenkonfitüre mit einer kleinen Papiertüte nach Belieben auf einen Teller spritzen und die gut abgeschmeckte Erdbeersauce vorsichtig innerhalb dieser Markierung verteilen.
Die Vacherin, welche mit Erdbeersorbet gefüllt werden, darauf dressieren.
Mit Mandeln und Erdbeeren gefällig garnieren, sofort servieren.

Anmerkung
Es ist wichtig, daß das Geschirr, in welchem die Eiweiß aufgeschlagen werden, absolut sauber ist.
Die Zubereitung von Erdbeersorbet und Erdbeersauce ist die gleiche wie in der Beschreibung von Himbeersorbet und Himbeersauce (Rezepte Seiten 285 und 265).

Erdbeervacherin
Vacherin glacé aux fraises

Rezept Seite 278

Sorbetteller
Assiette des sorbets

Rezept Seiten 281—286

Sorbets

Sorbets aus frischen Früchten gehören zu den beliebtesten Süßspeisen. Sie schmecken am besten ohne Beigabe. Sie müssen ganz frisch sein und dürfen nicht aufbewahrt werden, sonst geht das Fruchtaroma verloren. Um sie fruchtiger zu machen, verwendet man das frische Obst der Jahreszeit.

Da der Fruchtzuckergehalt je nach Jahreszeit verschieden ist, muß er unter Umständen mit dem Zuckerzusatz in Einklang gebracht werden. Deshalb mißt man die Dichte der Flüssigkeit mit dem sogenannten Baumé-Aräometer (nach dem französischen Chemiker Antoine Baumé) auf den Baumégrad hin. Sie sollte 17° Baumé betragen. Der höchste Süßigkeitsgrad ist 28°, der niedrigste 1° Baumé. 700 g Zucker auf 1 Liter kochendes Wasser ergeben ungefähr 17° Baumé.

Melonen-Sorbet
Sorbet aux melons

Zutaten für 4 Personen

400 g Melone
100 g Zucker
       Saft von einer Zitrone

Man halbiert die Melone und entfernt die Kerne mit einem Löffel, schält die Frucht sorgfältig und schneidet sie in Stücke.
Die Melonenstücke werden püriert.
Dann mischt man die Masse gründlich mit Zucker und Zitronensaft und läßt sie in der Eis-Maschine (Tiefkühler) gefrieren.

Süßspeisen

Kiwi-Sorbet
Sorbet au kiwi

Zutaten für 4 Personen

- 800 g Kiwis
- 1 dl Wasser
- 2 dl Champagner
- 150 g Zucker
- 5 g Vanillezucker
- Saft von ½ Zitrone
- ein wenig Pernod

Die reifen Kiwis werden geschält und püriert.
Wasser, Champagner, Zucker und Vanillezucker werden zusammen aufgekocht und dem Kiwipüree beigefügt.
Zudecken und abkühlen lassen, dann Zitronensaft und Pernod hineinrühren.
Abfüllen und gefrieren.

Blutorangen-Sorbet
Sorbet à l'orange sanguine

Zutaten für 4 Personen

500 g saftige Blutorangen
 10 Stück Würfelzucker
0,1 dl Zitronensaft
150 g Zucker

Die Schale der gutgewaschenen Orangen wird mit den Zuckerstücken abgerieben.
Danach kocht man den Zitronensaft mit dem Würfelzucker auf.
Die halbierten Orangen werden ausgepreßt.
Man mischt den Orangensaft mit dem gezuckerten Zitronensaft und streicht die Flüssigkeit durch ein Haarsieb.
Abfüllen und einfrieren lassen.

Anmerkung
Wenn man die Orangenschale mit Würfelzucker abreibt, erhält man einen stärkeren Orangengeschmack.

Süßspeisen

Ananas-Sorbet
Sorbet à l'ananas

Zutaten für 4 Personen

  1   reife Ananas (ca. 500 g)
      Saft einer Zitrone
120 g Zucker

Die Ananas wird geschält.
Man schneidet sie in kleine Stücke (ohne Mark), püriert die Stückchen und passiert die Masse durch ein Haarsieb.
Zitronensaft und Zucker hinzufügen und gründlich umrühren.
Abfüllen und gefrieren lassen.

Anmerkung
Je nach Ursprung und Qualität der Ananas muß der Zuckergehalt geprüft werden.

Himbeer-Sorbet
Sorbet à la framboise

Zutaten für 4 Personen

250 g Himbeeren
100 g Zucker
       Saft von ½ Zitrone

Die sorgfältig erlesenen Himbeeren werden püriert und durch ein feines Sieb gestrichen.
Zucker und Zitronensaft hineinrühren.
Abfüllen und gefrieren lassen.

Anmerkung
Die Menge des Zuckerzusatzes richtet sich nach der jahreszeitbedingten Süße der Himbeeren.

Süßspeisen

Mango-Sorbet
Sorbet à la mangue

Zutaten für 4 Personen

- 2,5 dl Mangopüree
- 0,5 dl Wasser
- 100 g Zucker
- 2 g feingeriebener frischer Ingwer
- Saft einer Zitrone

Das pürierte Mangofleisch wird mit Wasser, Zucker und frischem Ingwer aufgekocht. Dann passieren, mit Zitronensaft abschmekken und abkühlen lassen.
Abfüllen und ins Tiefkühlfach stellen.

Anmerkung
Es ist ratsam, nur ganz reife Mangos zu verwenden.

Preußen
Prussiens

Zutaten für ca. 15 Prussiens

150 g Blätterteig (Rezept Seite 54)
 50 g Zucker
 25 g Puderzucker

Den Tisch zum Ausrollen des Teiges mit Zucker bestreuen.
Eine einfache Tour geben und ruhen lassen.
Den Teig ca. 30 cm auf 20 cm auswallen und von beiden Längsseiten her gegeneinander rollen, bis in die Mitte.
Von dieser Rolle ca. 6 mm dicke Scheiben schneiden und auf ein gebuttertes Backblech legen, mit dem Staubzucker bestreuen und bei mittlerer Hitze im Ofen goldbraun backen.
Die Prussiens mit einer Spatula umdrehen, wiederum mit Staubzucker bestreuen und ebenfalls goldbraun backen.

Süßspeisen

Butterbiskuits
Petits Beurres

Zutaten für ca. 15 Biskuits

125 g Mehl
100 g Butter
 40 g Staubzucker
   1   Prise Salz
  5 g Vanillezucker

Mehl zu einem Ring formen und alle Zutaten in die Mitte geben und gut miteinander verarbeiten.
Alles schnell zu einem glatten Teig kneten und kühl stellen. Dann wird der Teig ca. 3,5 mm dick ausgewallt.
Mit einem runden Ausstecher von ca. 4 cm ⌀ die einzelnen Biskuits ausstechen und auf ein Backblech legen, mit einer Gabel einstechen.
Im Ofen bei ca. 200 °C während 12 bis 15 Minuten goldbraun backen.

Mandelbiskuits
Biscuits aux amandes

Zutaten für ca. 25 Biscuits

- 250 g Mehl
- 200 g Butter
- 150 g Puderzucker
- 1 Prise Salz
- 100 g Mandelsplitter
- 5 g Vanillezucker

Mehl zu einem Ring formen, Butter, Zucker, Salz, Vanillezucker in die Mitte geben und alles gut untereinander verarbeiten und zu einem glatten Teig kneten.
Die Mandelsplitter leicht rösten, auskühlen lassen und unter den Teig arbeiten.
Rollen von 4 bis 5 cm Durchmesser formen und kühl stellen, bis die Rollen fest sind. Dann Scheiben von 4 bis 5 mm abschneiden.
Auf ein Backblech legen und im Ofen bei 200 °C goldgelb backen.

Süßspeisen

Nußgebäck
Petits fours aux noix

Zutaten (50 Stück)

125 g Butter
 75 g Puderzucker
   1   Ei
 90 g geriebene Haselnüsse
125 g Mehl
       eine Prise Zimt
 50 g halbe Walnüsse (zur Garnitur)

Butter, Puderzucker und Zitronenschale werden schaumig gerührt.
Dann mischt man Ei und Eigelb hinein, als nächstes geriebene Haselnüsse, Mehl und Zimt.
Auf einem leicht eingefetteten Blech dressiert man mit einer Sterndüse Rosetten. Jede mit einer halben Walnuß garnieren.
Bei ungefähr 190 °C im Ofen backen, danach abkühlen lassen und, wenn sie ganz erkaltet sind, zur Hälfte in Schokoladencouvertüre eintauchen.

Florentiner
Petits fours Florentine

Zutaten (50 Stück)

200 g Süßteig (Rezept Seite 53)
0,5 dl Vollrahm
 40 g Butter
 40 g Honig
110 g Zucker
 20 g Traubenzucker
100 g Zitronat und Orangeat und kandierte Früchte
 60 g Mandelstifte
 60 g Mandelblättchen

Der Süßteig wird ausgewalkt und ca. 5 cm Ø Rondellen ausgestochen. Man sticht mit einer Gabel hinein und bäckt diese Rondellen etwas vor.

In einem Kupferkessel erhitzt man Rahm, Butter, Honig, Zucker und Traubenzucker bis auf 110 °C. Dann rührt man Zitronat, Orangeat, kandierte Früchte und Mandeln hinein.

Mit dieser Masse wird der vorgebackene Teig bestrichen und alles bei 180 °C im Ofen goldbraun gebacken.

Index

A Rezeptgruppen

Zubereitungsarten

A la minute: rasche Zubereitung zum sofortigen Auftragen, 58
Arrosieren: Begießen, Übergießen, 29, 30, 32
Backen im Ofen, 29
Blanchieren, 21 f.
Blanchieren, in Öl, 22
Braisieren, 30
Braten, 29
Brühen, 33 f.
Dünsten, 26, 32
Fritieren, 26
Glace, 30, 31
Glacieren, 31
Gratinieren, 28
Grillieren, 28
Klären (von Brühen), 33, 106
Kochen, 25
Pochieren, 23
Poelieren, 32
Sautieren, 27
Sieden, 24
Überbacken, 28

Brühen, Füllungen, Massen, Teige, Teigwaren

Blätterteig, 54, 55
Bouillon, Fleischbrühe, 44
Brioche-Teig, 51
Court-Bouillon, 23, 40
Crêpes, Grundrezept süß, 258
Croûton, geröstete Weißbrotschnitte, 50
Feuilletées, Blätterteiggebäck, 54, 55
Fischbrühe, 39
Fischfond, 39
Fischsud (Fischwasser), 40
Fleischbrühe, Bouillon, 44
Fleischextrakt, 42
Fleischglace, 42
Forellenmousse, 83
Geflügelbrühe, braun, 36
Geflügelbrühe, weiß, 34
Geflügelfond, 34, 36
Geflügelfüllung, Geflügelfarce, 49
Geflügelmousseline, 48
Gemüsebrühe, Gemüsefond, 46
Geriebener Teig, 52
Glace, 42
Grand jus, siehe Bouillon, 44
Hechtmousseline, 47
Kalbsbrühe, braun, 37
Kalbsbrühe, weiß, 35
Kalbsfond, 35, 37
Lammbrühe, 38
Mousseline von Geflügel, 48
Mousseline von Hecht, 47
Mürbteig, 52
Muschelbrühe, 41
Muschelfond, 41
Nudeln, Zubereitung, 57
Nudeln mit Spinat, 57
Pfannkuchen, Grundrezept, süß, 258
Quenelles, Knödel oder Klößchen aus Fleisch, Fisch, Geflügel oder Wild, 47, 48, 151
Ravioliteig, 56, 97
Spinatnudeln, 57
Sud zum Pochieren von Fischen, 40
Süßteig, 53
Wildbrühe, 43
Wildentenbrühe, 45
Wildfarce, Wildfüllung, 50

Saucen

Basilikumbutter, 71
Curry-Sauce, 70
Fasanensauce, 220, 221
Foyot-Sauce, 69
Gedünstete Tomatenwürfel, 74

Index

Gemüsesauce zu Geflügel, 213, 214
Holländische Sauce, 62
Hummerbutter, siehe Krebsbutter, 73
Hummersauce, 59
Kräutersauce, 255
Krebsbutter, 73
Krebssauce, 60
Lauchsauce zu Fisch, 126
Madeirasauce, 66
Olivensauce zu Perlhuhn, 211
Petersilienpüree, 225
Pilzsauce zu Kalbfleisch, 186
Pistazienbutter, 72
Quarksauce mit Kräutern, 233
Roquefortsauce, 201
Rotweinsauce, 64, 96, 175
Safransauce zu Muscheln, 162
Sauerampfersauce zu Fleisch, 183
Schnittlauchsauce, 194
Schnittlauchsauce zu Fisch, 144
Schnittlauchsauce zu Muscheln, 161
Senfsauce zu Fisch, 136
Tomates concassées, 74
Tomatenpüree, 74, 100
Tomaten-Vinaigrette, 88
Tomatenwürfel, gedünstet, 74
Trüffel-Sauce, 63
Vinaigrette, 76/77, 78, 79, 80, 81, 88, 148
Vinaigrette mit Basilikum, 148
Vinaigrette mit Tomaten, 88
Weißweinsauce, 153
Weißweinsauce zu Fisch, 147, 151/152
Westernsauce, 61
Wildsauce, 65
Zwiebelsauce mit Madeira, 199

Vorspeisen

Artischockensalat mit Wachteln, 78
Austern mit Champagner und Kaviar, 102
Austernsalat mit Blattspinat, 80 (Bild 68)
Avocadosalat mit Tomaten, 81
Entenleberterrine, 91
Froschschenkel in Blätterteigpastete, 94
Gänseleber mit Rotwein, 96
Gänseleberpasteten-Gewürz, 92
Gänselebersalat mit Pilzen, 79
Garnelen Maître Gilgen, 101
Geflügelleberparfait mit Trüffeln, 93
Gemüseterrine Covent Garden, 87/88 (Bild 86)
Hummersalat mit grünen Spargeln, 76/77 (Bild 67)
Heringterrine mit Dill, 89
Jakobsmuscheln mit Lauch, 99
Jakobsmuschelnmousseline, 100
Kalbsbries- und Geflügelterrine, 90
Krebstorte mit Spinat, 95
Lachs, geräucht, mit Forellenmousse, 83 (Bild 85)
Marinierter Salm, 82
Milken- und Geflügelterrine, 90
Parfait von Geflügelleber, mit Trüffeln, 93
Ravioli, hausgemacht, 97/98
Rotbarbe mit Vinaigrette, 148
Seewolfscheiben, roh, mit Hummereiern, 84
Terrine Covent Garden, 87/88 (Bild 86)
Terrine, Hering, mit Dill, 89

Suppen

Fleischbrühe mit Leberknödeln, 108
Gemüsesuppe, kalt, 105

Index

Gerstensuppe, Schottische, mit Lammfleisch, 109
Lauchsuppe mit Weißwein, 111
Meerfischsuppe mit Kerbel, 115
Muschelsuppe Billy Bye, 114 (Bild 103)
Muschelsuppe mit Julienne-Gemüse à la Camille, 116
Pfifferlings-Suppe, 110
Wachtelsuppe, klar, mit Wachteleiern, 106/107
Schneckensuppe mit Noilly Prat, 112
Schottische Gerstensuppe mit Lammfleisch, 109

Eierspeisen

Eier im Förmchen mit Kaviar, 121
Rühreier mit Froschschenkeln, 122
Verlorene Eier mit mariniertem Salm, 118
Wachteleier mit Lauch, 119
Weichgekochte Eier mit Kalbsbries (Milken) und Champignons, 120

Fischgerichte

Bachforelle mit Schnittlauch, 129
Barsch mit Gemüse, 149
Eglifilets (Barsch) mit Gemüse, 149
Felchenfilets mit Champignons und Tomaten, 150
Grüner Aal, 154
Hechtklöße mit Weißweinsauce à la Mère Olga, 151/152
Hechttimbale à la Palace, 153
Heilbutt mit Trauben und Nüssen, 141
Heilbuttrouladen in Salatblättern, 142
Lachsforelle mit Lauch I, 126
Lachsforelle mit Lauch II, 127
Marinierter Salm, 118

Petersfisch mit Weißweinsauce und Tomaten, 147
Rotbarbe mit Vinaigrette, 148 (Bild 137)
Salmsoufflé Maître Schlegel, 128
Salmsteak en papillote, 125
Schellfisch mit Tomaten, 143
Seeteufel mit Schnittlauchsauce, 144
Seeteufelschwanz mit schwarzen Pfefferkörnern, 146
Seeteufelschwanz, gegrillt mit frischen Kräutern, 145
Seezungen- und Hummertimbale Eugène Käufeler, 131
Seezungenfilet mit Garnelen, 130
Seezungenröllchen mit Räucherlachs, 132
Seezungenstreifen mit Orange und grünem Pfeffer, 133
Steinbutt mit Austern, 140
Steinbutt mit Mark, 134
Steinbutt mit Safran, 139
Steinbuttfilets mit Senfsauce, 136
Steinbuttschnitten, gefüllt, mit Krebsen, 135 (Bild 104)

Schalen- und Muscheltiere

Brioches mit Meeresfrüchten, 167
Garnelen mit Hummersauce Maître Cola, 163
Garnelen mit Pernod-Sauce, 164
Meeresfrüchte mit Spinatnudeln, 160
Meeresfrüchteragout, 167
Miesmuscheln mit Fenchel, 166
Ragout von Meeresfrüchten, 167
Rendezvous der Meeresfrüchte, 158 (Bild 138)
Jakobsmuscheln mit Safransauce, 162

Index

Jakobsmuscheln mit Schnittlauchsauce, 161
Krebsschwänze, gratiniert, mit Holländischer Sauce, 165

Fleischgerichte

Rindfleisch:

Entrecôte Dorchester, 170
Grilliertes Rinderkotelett mit Kräutern, 177 (Bild 155)
Mignons (kleine Rinderfilets) mit Schalotte, 176
Rinderfilet mit Hühnermousseline und Madeirasauce, 171
Rinderfilet mit Mark und Rotweinsauce, 175
Rinderfilet mit Schalotte, 176
Rinderfiletstreifen mit grünem Pfeffer, 172
Rinderkotelett, grilliert, mit Kräutern, 177 (Bild 155)

Lammfleisch:

Lammkeule, gefüllt, in Blätterteig, 178
Lamm-Mignons mit Portweinsauce, 179
Lammragout mit Safransauce, 181
Lammrücken, gekocht, mit Gemüse, 180

Kalbfleisch:

Kalbfleisch, geschnetzelt, mit Pilzsauce, 186
Kalbfleisch, Verschiedenes, gemischt, 188 (Bild 173)
Kalbsbries mit Spinat, 195
Kalbsbries mit Trüffeln und Gemüse, 196

Kalbsbriesragout, 120
Kalbsfilet mit Gänseleber, 187
Kalbsfilet mit Schnittlauchsauce, 194, (Bild 191)
Kalbskotelett mit gefüllten Morcheln, 185
Kalbskotelett mit pochiertem Ei, 193 (Bild 174)
Kalbsleber mit Zwiebeln und Madeirasauce, 199
Kalbsmedaillons mit Orange und Zitrone, 184
Kalbsmignons mit Sauerampfersauce, 183 (Bild 156)
Kalbsmignons mit Camembert, 190
Kalbsniere mit Senfsauce, 198
Kalbsniere mit Weinessig, 197
Kalbsröllchen gefüllt mit Quark, 189
Kalbsschnitzel mit Tomaten und Mozzarella (Piccata Cavalieri), 182
Piccata Cavalieri, 182

Schweinefleisch:

Schweinefrikassee mit Lauch, 204
Schweinekotelett mit Brunnenkresse, 202
Schweinemedaillons mit Western-Sauce, 200
Schweinemignons mit Roquefortsauce, 201
Schweinesteak mit Backpflaumen, 203 (Bild 192)

Geflügel

Entenbrust, gegrillt, Nossi-Bé, 219 (Bild 210)
Fasanenbrüste mit Mandeln, 220/221
Masthuhn mit Krebsen, 217
Masthuhn nach römischer Art, 216

Index

Masthuhnbrüste, mit Mango gefüllt, 206 (Bild 209)
Masthuhnbrüste mit Pilzsauce, 207
Masthuhnfrikassee mit Weinessig, 218
Pollo alla Romana (Masthuhn römische Art), 216
Rebhühner mit Weintrauben, 221
Stubenküken mit Gemüse vom Grill, 215
Wachteln, gefüllt, 222/223
Masthuhnbrüste in Teig Paul Bocuse, 208
Perlhuhnbrust mit schwarzen und grünen Oliven, 211
Masthuhnbrüste mit Banane, 212
Stubenküken im Dampf, 213/214

Wildgerichte

Hasenrücken mit Wildsauce, 227
Rehmedaillons à la belle Forestière, 226
Rehmignons mit Petersilienpüree, 225

Gemüse-, Kartoffel- und Pilzgerichte

Artischocken, Zubereitung, 232/233
Artischocken, warm, mit Quarksauce, 232/233
Artischockenböden, 229
Artischockenböden mit frischen Korianderblättern, 234
Artischockenpüree, 231
Blattspinat, 236
Blattspinat, gratiniert, 237
Bohnenpüree, 242
Champignonpüree Duxelles, 253
Karotten und Spinat in Förmchen, 235
Kartoffeln Anna, 249

Kastanienpüree, 246
Krautstiele (Rippenmangold), 238
Linsengericht, sauer, 247
Maispfannkuchen, 251
Morcheln, gefüllt, 252/253
Okra mit Tomaten, 240
Pilzterrine mit Kräutersauce, 255
Pilztoast, 254
Randenpüree (Rote Beete), 245
Rippenmangold (Krautstiele), 238
Rosenkohlpüree, 241
Rösti (Kartoffeln nach Hausart), 248
Toast mit frischen Pilzen, 254
Tomaten-Sorbet, 239 (Bild 243)

Süßspeisen, Gebäck

Ananas, gepfeffert, mit Karamel-Sauce, 263
Ananas-Sorbet, 284
Blutorangen-Sorbet, 283
Brotpudding, 269
Birnen, eingemacht, 256
Blätterteig-Gebäck, 287
Butterbiskuits, 288
Erdbeervacherin, 278 (Bild 279)
Feigen mit Himbeersauce, 271
Florentiner (Konfekt), 291
Früchte, eingemacht, 256/257 (Bild 244)
Früchteterrine, 270 (Bild 262)
Himbeeren im Blätterteig, 264 (Bild 261)
Himbeersauce, 266
Himbeer-Sorbet, 285
Karamel-Sauce, 263
Kirschenstrudel, 268
Kiwis, gratiniert, 267
Kiwi-Sorbet, 282
Mandelbiskuits, 289
Mango-Sorbet, 286
Melonen-Sorbet, 281
Meringel auf italienische Art, 275
Nußgebäck, 290

Index

Passionsfrüchte-Soufflé, 260
Pfannkuchen mit Kiwi, 274
Pfannkuchen, mit Schokolade und Nüssen gefüllt, 258
Pfirsiche, gratiniert, mit Curaçao und Kirsch, 266
Pfirsiche mit Pistazien-Eis, 276
Pistazien-Eis, 276
Preußen, 287
Pudding von Beeren, 272
Sommerpudding, 272
Vanillecrème, 259
Vanille-Eis, 277

B Wörterverzeichnis
mit Erklärung der technischen Ausdrücke

A la minute: rasche Zubereitung zum sofortigen Auftragen.
Aal, grün, 154
Ananas, gepfeffert, mit Karamel-Sauce, 263
Ananas-Sorbet, 284
Arrosieren: Begießen, Übergießen, 29, 30, 32
Artischocken, Zubereitung, 232/233
Artischocken, warm, mit Quarksauce, 232/233
Artischockenböden, 229
Artischockenböden mit frischen Korianderblättern, 234
Artischockenpüree, 231
Artischockensalat mit Wachteln, 78
Aufmontieren: siehe Montieren
Austern, 157
Austern mit Champagner und Kaviar, 102
Austernsalat mit Blattspinat à la Catherine, 80 (Bild 68)
Avocadosalat mit Tomaten, 81

Bachforelle mit Schnittlauch, 129
Backen im Ofen, 29
Bardieren: Bedecken von Geflügel und Wild mit Speckstreifen vor dem Brat- oder Grillvorgang, damit das Brustfleisch nicht austrocknet
Barsch mit Gemüse, 149
Basilikumbutter, 71
Birnen, eingemacht, 256
Blätterteig, 54/55
Blätterteig-Gebäck, 287
Blanchieren, 21 f.
Blanchieren in Öl, 22
Blattspinat, 236
Blattspinat, gratiniert, 237
Blutorangen-Sorbet, 283

Index

Bohnenpüree, 242
Bouillon, Fleischbrühe, 44
Bouquet garni: Petersilienstengel, Lorbeerblatt, Pfefferkörner, Sellerie- und Karottenkraut als Kräuterbeigabe
Bouquet garni, weiß: Zwiebel, Weißes vom Lauch, Sellerie und Kräuter für helle Gerichte. Wie weiße Mirepoix
Braisieren, 30
Braten, 29
Brioche-Teig, 51
Brioches mit Meeresfrüchten, 167
Broccoli: auch Spargelkohl
Brotpudding, 269
Brühen, 33 f.
Butterbiskuits, 288

Champignonpüree Duxelles, 253
Coquilles St-Jacques, 99, 161, 162
Curry-Sauce, 70
Court-Bouillon (Fischwasser), 23, 40
Crêpes, Grundrezept süß, 258
Croûton, geröstete Weißbrotschnitte, 50

Dünsten, 26, 32
Duxelles, Chapignonpüree, 253

Eglifilet (Barsch) mit Gemüse, 149
Eier im Förmchen mit Kaviar, 121
Eier, pochiert, mit mariniertem Salm, 118
Eier, weichgekocht, mit Kalbsbries (Milken) und Champignons, 120
Eiscrème von Pistazien, 276
Entenbrust, gegrillt, Nossi-Bé, 219 (Bild 210)
Entenleberpasteten-Gewürz, 92
Entenleberterrine, 91
Entrecôte Dorchester, 170
Erdbeervacherin, 278 (Bild 279)

Fasanenbrüste mit Mandeln, 220/221
Fasanensauce, 220/221
Feigen mit Himbeersauce, 271
Felchenfilets mit Champignons und Tomaten, 150
Feuilletées, 54/55
Fischbrühe (Fischfond), 39
Fischsorten, 124
Fischsud (Fischwasser), 40
Fleischbrühe mit Leberknödeln, 108
Fleischextrakt, 42
Fleischglace, 42
Fleurons: kleines Blätterteiggebäck als Garnitur
Florentiner (Konfekt), 291
Forellenmousse, 83
Foyot-Sauce, 69
Fritieren, 26
Froschschenkel in Blätterteigpastete, 94
Früchte, eingemacht, 256/257 (Bild 244)
Früchteterrine, 270 (Bild 262)

Gänseleber mit Rotwein, 96
Gänseleberpasteten-Gewürz, 92
Gänselebersalat mit Pilzen, 79
Garnelen, auch Scampi
Garnelen mit Hummersauce Maître Cola, 163
Garnelen Maître Gilgen, 101
Garnelen mit Pernod-Sauce, 164
Gedünstete Tomatenwürfel, 74
Geflügelbrühe, braun, 36
Geflügelbrühe, weiß, 34
Geflügelfond, 34, 36
Geflügelfüllung, Geflügelfarce, 49
Geflügelleberparfait mit Trüffeln, 93
Geflügelmousseline, 48
Gemüsebrühe, Gemüsefond, 46
Gemüsesauce zu Geflügel, 213/214
Gemüsesuppe, kalt, 105
Gemüseterrine Covent Garden, 87/88 (Bild 86)

Index

Geriebener Teig, 52
Gerstensuppe, Schottische, mit Lammfleisch, 109
Gewichtsmengen bei Eiern, 117
Gewürzmischung für Enten- und Gänseleberpastete, 92
Glace, 30, 31, 42
Glacieren, 31
Grand jus, siehe Bouillon, 44
Gratin von Kiwis, 267
Gratin von Pfirsichen mit Curaçao und Kirsch, 266
Gratinieren, 28
Grillieren, 28
Grilliertes Rinderkotelett mit Kräutern, 177 (Bild 155)
Grüner Aal, 154

Hasenrücken mit Wildsauce, 227
Hechtklöße mit Weißweinsauce, 151/152
Hechtmousseline, 47
Hechttimbale à la Palace, 153
Heilbutt mit Trauben und Nüssen, 141
Heilbuttrouladen in Salatblättern, 142
Heringsterrine mit Dill, 89
Himbeeren im Blätterteig, 264 (Bild 264)
Himbeersauce, 266
Himbeer-Sorbet, 285
Holländische Sauce, 62
Hühnerfarce, 87
Hummer, 157
Hummersalat mit grünen Spargeln, 76/77 (Bild 67)
Hummersauce, 59

Jakobsmuscheln mit Lauch, 99
Jakobsmuscheln mit Safransauce, 162
Jakobsmuscheln mit Schnittlauchsauce, 161
Jakobsmuschelnmousseline, 100

Julienne, feine Streifen von Gemüse oder Fleisch

Kalbfleisch, geschnetzelt, mit Pilzsauce, 186
Kalbfleisch, Verschiedenes, gemischt, 188 (Bild 173)
Kalbsbries (Milken) mit Spinat, 195
Kalbsbries mit Trüffeln und Gemüse, 196
Kalbsbries- und Geflügelterrine, 90
Kalbsbriesragout, 120
Kalbsbrühe, braun, 37
Kalbsbrühe, weiß, 35
Kalbsfilet mit Gänseleber, 187
Kalbsfilet mit Schnittlauchsauce, 194 (Bild 191)
Kalbsfond, 35, 37
Kalbskotelett mit gefüllten Morcheln, 185
Kalbskotelett mit pochiertem Ei, 193 (Bild 174)
Kalbsleber mit Zwiebeln und Madeirasauce, 199
Kalbsmedaillons mit Orange und Zitrone, 184
Kalbsmignons mit Camembert, 190
Kalbsmignons mit Sauerampfersauce, 183 (Bild 156)
Kalbsniere mit Senfsauce, 198
Kalbsniere mit Weinessig, 197
Kalbsröllchen, gefüllt mit Quark, 189
Kalbsschnitzel mit Tomaten und Mozzarella, 182
Karamel-Sauce, 263
Karotten und Spinat in Förmchen, 235
Kartoffeln Anna, 249
Kartoffeln, gratiniert, 249, 250
Kartoffeln nach Hausart (Schweizer Rösti), 248
Kastanienpüree, 246
Kirschenstrudel, 268
Kiwi-Sorbet, 282

Index

Kiwis, gratiniert, 267
Klären (von Brühen), 33, 106
Kleingebäck, 56
Kochen, 25
Kompotte, 256
Kräutersauce, 255
Krautstiele (Rippenmangold), 238
Krebsbutter, 73
Krebssauce, 60
Krebsschwänze, gratiniert, mit Holländischer Sauce, 165
Krebstorte mit Spinat, 95

Lachs, geräucht, mit Forellenmousse, 83 (Bild 85)
Lachsforelle mit Lauch I, 126
Lachsforelle mit Lauch II, 127
Lammbrühe, 38
Lammkeule, gefüllte, in Blätterteig, 178
Lamm-Mignons mit Portweinsauce, 179
Lammragout mit Safransauce, 181
Lammrücken, gekocht, mit Gemüse, 180
Lauchsauce zu Fisch, 126
Lauchsuppe mit Weißwein, 111
Leberknödel, 108
Linsengericht, sauer, 247

Madeirasauce, 66
Maispfannkuchen, 251
Mandelbiskuits, 289
Mango-Sorbet, 286
Marinierter Salm, 82, 118
Marronenpüree, 246
Masthuhn mit Krebsen, 217
Masthuhn nach römischer Art, 216
Masthuhnbrüste in Teig Paul Bocuse, 208
Masthuhnbrüste mit Banane, 212
Masthuhnbrüste, mit Mango gefüllt, 206 (Bild 209)
Masthuhnbrüste mit Pilzsauce, 207

Masthuhnfrikassee mit Weinessig, 218
Meeresfrüchte mit Spinatnudeln, 160
Meeresfrüchteragout, 167
Meerfischsuppe mit Kerbel, 115
Melonen-Sorbet, 281
Meringel auf italienische Art, 275
Miesmuscheln mit Fenchel, 166
Mignons (kleine Rinderfilets) mit Schalotte, 176
Milkenragout (Kalbsbriesragout), 120
Milken- und Geflügelterrine, 90
Mirepoix: Gemüsewürfel als Zutat; Karotte, Zwiebel, weiße Rübe usw., dazu Kräuter
Mirepoix weiß, für helle Gerichte, verwendet nur weißes Gemüse: Zwiebel, Weißes vom Lauch, Sellerieknolle
Montieren: Binden einer Sauce oder Suppe durch Einrühren von harten Butterstückchen
Morchelfüllung für Geflügel, 213/214
Morcheln, gefüllt, 252/253
Mousseline von Geflügel, 48
Mousseline von Hecht, 47
Mousseline von Jakobsmuscheln, 100
Mürbeteig, 52
Muschelbrühe, 41
Muschelfond, 41
Muschelsuppe Billy Bye, 114 (Bild 103)
Muschelsuppe mit Julienne-Gemüse, 116

Nappieren: Bedecken des fertigen Gerichtes mit einer Sauce oder mit Gelee
Noilly Prat: sehr trockener Vermouth
Nudeln, zu kochen, 57

Index

Nudeln mit Spinat, 57
Nußgebäck, 290

Okra mit Tomaten, 240
Olivensauce zu Perlhuhn, 211

Parfait von Geflügelleber mit
  Trüffeln, 93
Parieren: exaktes Lösen von Haut,
  Fett und Sehnen aus dem Fleisch
Passionsfrüchte-Soufflé, 260
Perlhuhnbrust mit schwarzen und
  grünen Oliven, 211
Petersfisch mit Weißweinsauce und
  Tomaten, 147
Petersilienpüree, 225
Pfannkuchen, Grundrezept süß, 258
Pfannkuchen mit Kiwi, 274
Pfannkuchen, mit Schokolade und
  Nüssen gefüllt, 258
Pfifferlinge: Eierschwämme
Pfifferlings-Suppe, 110
Pfirsiche, gratiniert, mit Curaçao
  und Kirsch, 266
Pfirsiche mit Pistazien-Eis, 276
Piccata Cavalieri, 182
Pilzsauce zu Kalbfleisch, 186
Pilzterrine mit Kräutersauce, 255
Pilztoast, 254
Pistazienbutter, 72
Pistazien-Eis, 276
Pochieren, 23
Poelieren, 32
Pollo alla Romana (Masthuhn,
  römisch), 216
Preußen (Süßgebäck), 287
Pudding von Beeren, 272
Püree von Artischocken, 231
Püree von Champignons, Duxelles,
  253
Püree von grünen Bohnen, 242
Püree von Kastanien (Marronen),
  246
Püree von Randen (Rote Beete), 245
Püree von Rosenkohl, 241

Püree von Tomaten, 74, 100

Quarksauce mit Kräutern, 233
Quenelles: Knödel oder Klößchen
  aus Fleisch, Fisch, Geflügel oder
  Wild, 47, 48, 151

Ragout von Kalbsbries (Milken), 120
Ragout von Meeresfrüchten, 167
Randenpüree (Rote Beete), 245
Ravioli, hausgemacht, 97/98
Ravioliteig, 56, 97
Rebhühner mit Weintrauben, 221
Reduzieren: Einkochen
Rehmedaillons à la Belle Forestiere,
  226
Rehmignons mit Petersilienpüree,
  225
Rendezvous der Meeresfrüchte, 158
  (Bild 138)
Rinderfilet mit Hühnermousseline
  und Madeirasauce, 171
Rinderfilet mit Mark und
  Rotweinsauce, 175
Rinderfilet mit Schalotte, 176
Rinderfiletstreifen mit grünem
  Pfeffer, 172
Rinderkotelett, gegrillt mit
  Kräutern, 177 (Bild 155)
Rippenmangold (Krautstiele), 238
Rösti (Kartoffeln nach Schweizer
  Hausart), 248
Roquefortsauce, 201
Rosenkohlpüree, 241
Rotbarbe mit Vinaigrette, 148
  (Bild 137)
Rotwein-Sauce, 64, 96, 175
Rühreier mit Froschschenkeln, 122

Safransauce zu Muscheln, 162
Salamander: Heizschlange,
  Obergrill
Salm, mariniert, 82, 118
Salmsoufflé Maître Schlegel, 128
Salmsteak en papillote, 125

Index

Sauerampfersauce, 183
Sauteuse: kleine Sautierpfanne
Sautieren, 27
Sautoir: große Sautierpfanne
Scampi: auch Garnelen
Schellfisch mit Tomaten, 143
Schnecken, Zubereitung, 113
Schneckensuppe mit Noilly Prat, 112
Schnittlauchsauce, 194
Schnittlauchsauce zu Fisch, 144
Schnittlauchsauce zu Muscheln, 161
Schottische Gerstensuppe mit
   Lammfleisch, 109
Schweinefrikassee mit Lauch, 204
Schweinekotelett mit
   Brunnenkresse, 202
Schweinemedaillons mit
   Western-Sauce, 200
Schweinemignons mit
   Roquefortsauce, 201
Schweinesteak mit Backpflaumen,
   203 (Bild 192)
Schweizer Rösti, 248
Seeteufel mit Schnittlauchsauce, 144
Seeteufelschwanz, gegrillt, mit
   frischen Kräutern, 145
Seeteufelschwanz mit schwarzen
   Pfefferkörnern, 146
Seewolfscheiben, roh, mit
   Hummereiern, 84
Seezungen- und Hummertimbale
   Eugène Käufeler, 131
Seezungenfilet mit Garnelen, 130
Seezungenröllchen mit
   Räucherlachs, 132
Seezungenstreifen mit Orange und
   grünem Pfeffer, 133
Senfsauce zu Fisch, 136
Sieden, 24
Sommerpudding von Beeren, 272
Sorbet von Tomaten, 239
Sorbets, 281–286 (Bild 280)
Soufflé von Passionsfrüchten, 260
Soufflé von Salm Maître Schlegel,
   128

Spinatnudeln, 57
Steinbutt mit Austern, 140
Steinbutt mit Mark, 134
Steinbutt mit Safran, 139
Steinbuttfilets mit Senfsauce, 136
Steinbuttschnitten, gefüllt, mit
   Krebsen, 135 (Bild 104)
Stubenküken aus dem Dampf,
   213/214
Stubenküken vom Grill mit
   Gemüse, 215
Sud zum Pochieren von Fischen
   (Fischwasser), 40
Süßteig, 53
Suppe kalt, von Gemüse, 105
Suppe, klar, von Wachteln, mit
   weichgekochten Wachteleiern,
   106/107
Suppe mit Lauch und Weißwein,
   111
Suppe (Brühe) mit Leberknödeln,
   108
Suppe, Schottische, mit Gerste und
   Lammfleisch, 109
Suppe von Meerfischen mit Kerbel,
   115
Suppe von Muscheln Billy Bye, 114
Suppe von Muscheln mit
   Julienne-Gemüse, 116
Suppe von Pfifferlingen
   (Eierschwämmen), 110
Suppe von Schnecken mit Noilly
   Prat, 112

Terrine Covent Garden, 87/88
   (Bild 86)
Terrine von Entenlebern, 91
Terrine mit exotischen Früchten,
   270 (Bild 262)
Terrine von Hering mit Dill, 89
Terrine von Kalbsbries (Milken)
   und Geflügel, 90
Terrine von Pilzen mit
   Kräutersauce, 255
Timbale von Hecht à la Palace, 153

Index

Timbale von Karotten und Spinat, 235
Timbale mit Seezunge und Hummer, 131
Toast mit frischen Pilzen, 254
Tomatenpüree, 74, 100
Tomaten-Sorbet, 239 (Bild 243)
Tomaten-Vinaigrette, 88
Tomatenwürfel, gedünstet, 74
Trüffel-Sauce, 63

Überbacken, 28

Vanillecrème, 259
Vanille-Eis, 277
Verlorene Eier, pochierte Eier, 82
Verlorene Eier mit mariniertem Salm, 118
Vinaigrette, 76/77, 78, 79, 80, 81, 88, 148
Vinaigrette mit Basilikum, 148
Vinaigrette mit Tomaten, 88

Wachteleier mit Lauch, 119
Wachteln, 78
Wachteln, gefüllt, 222/223
Wachtelsuppe, klar, mit weichgekochten Wachteleiern, 106/107
Weißweinsauce, 153
Weißweinsauce zu Fisch, 147, 151/152
Western-Sauce, 61
Wildbrühe, 43
Wildentenbrühe, 45
Wildfarce, Wildfüllung, 50
Wildsauce, 65

Zucchini: kleine Zucchetti
Zwiebelsauce mit Madeira (zu Kalbsleber), 199